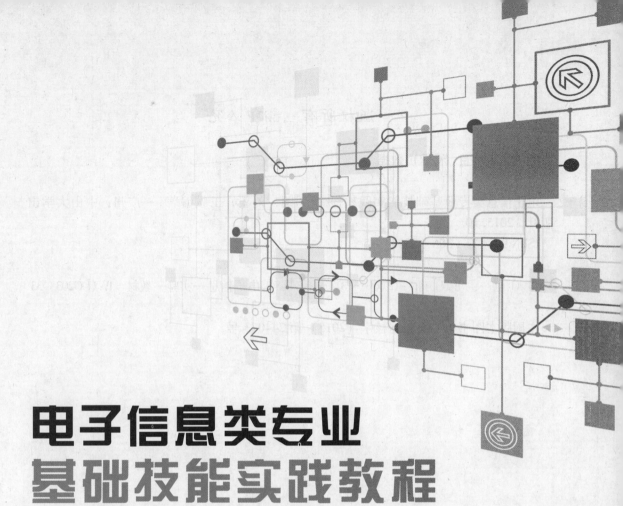

电子信息类专业
基础技能实践教程

DIANZI XINXILEI ZHUANYE
JICHU JINENG SHIJIAN JIAOCHENG

肖明明　刘　毅　王　骥◆编著

中山大學出版社
SUN YAT-SEN UNIVERSITY PRESS

·广州·

版权所有　翻印必究

图书在版编目（CIP）数据

电子信息类专业基础技能实践教程/肖明明，刘毅，王骥编著 . —广州：中山大学出版社，2015.10
ISBN 978-7-306-05484-5

Ⅰ. ①电… Ⅱ. ①肖… ②刘… ③王… Ⅲ. ①电子信息—实验—教材 Ⅳ. ①G203-33

中国版本图书馆 CIP 数据核字（2015）第 244073 号

出版人：	徐　劲
策划编辑：	周建华　黄浩佳
责任编辑：	黄浩佳
封面设计：	曾　斌
责任校对：	李　文
责任技编：	何雅涛
出版发行：	中山大学出版社
电　　话：	编辑部 020-84111996，84113349，84111997，84110779
	发行部 020-84111998，84111981，84111160
地　　址：	广州市新港西路 135 号
邮　　编：	510275　传真：020-84036565
网　　址：	http://www.zsup.com.cn　E-mail: zdcbs@mail.sysu.edu.cn
印刷者：	广州中大印刷有限公司
规　　格：	787mm×1092mm　1/16　12.5 印张　350 千字
版次印次：	2015 年 10 月第 1 版　2015 年 10 月第 1 次印刷
定　　价：	35.00 元

如发现本书因印装质量影响阅读，请与出版社发行部联系调换

内 容 简 介

本书面向电子信息类专业（电子信息工程、通信工程、自动化和物联网工程等专业）的基础技能实践环节，提供面向工程应用的、集中实践环节的指导方案。本书按照"厚基础、强能力、宽口径、强适应"的电类大平台课程培养要求编写。全书为电子信息类专业提供电子技能实训、基础技能实践的指导方案，目标定位为提高电子信息类学生的基础实践技能。全书由 12 章组成，每章就是一个具体的实践指导方案。全书以分层次、分阶段、循序渐进的模式，体现由浅入深、由简单到综合、课内外结合、注重实践、培养工程创新型能力的特色和宗旨。

本书可作为电子信息类本科专业的基础技能实践环节阶段的实践指导教材，也可作为高职高专相关专业或从事相关领域的工程技术人员开发设计的实用参考书。

序　言

目前国内大多数高校，本科层次的培养目标基本上是以培养应用型人才为目标。因此，强化实验实践环节，加强培养学生的实际动手能力，成为各高校实践高等教育质量工程的重要举措。然而，目前绝大多数高校所用的实验设备基本都是实验箱或实验台等成套设备，能开设的实验大多为验证型实验。总体来说，目前大多数高校的实验课体现为验证型多、设计型少，单科型多、综合型少，采用传统方法多、应用最新技术少的现状。实验仅仅作为理论教学的补充和验证，没有突出实验在学生实践能力提高中的优势地位；实验多以验证性实验为主，缺乏综合型实验和设计型实验；各课程之间缺乏必要的逻辑联系，实验设置仅仅为本课程服务。这样的实践模式很难锻炼和提高学生的实际动手能力，不利于新形势下对应用创新型人才的综合性和集中性的培养。

当今的学科，既高度分化，又高度综合，并以综合为主导趋势。为了适应这个趋势，本书的出版就是贯彻这样一个非常重要的理念：设置并加强面向工程应用的渐进式综合化实践指导体系。

本书以我们对电子信息类本科专业的实践课程的教学改革为基础，根据建立面向工程应用的综合化集中实践指导体系为目标，提供面向工程应用的、渐进式综合化集中实践指导方案。本书内容主要以"电子技能实训、基础技能实践"为教学目标，这一步骤主要是培养学生对电子系统的感知认识和提高学生亲自动手制作简单电子信息系统的兴趣，为以后更高层次的实践打下扎实的工程实践基础。

目前，系统地、完整地把电子信息学科的实践课程的指导方案进行汇编的教材鲜见，少数这方面的教材也只是阐述某一课程的单方面的实践指导。本书的出版为相关的教学工作提供了很好的指导借鉴作用。本书是编者在多年电子信息类专业的实践教学积累的指导方案的基础上，并结合当今快速发展的电子信息前沿技术编著而成，同时也借鉴了一些相关教材的部分内容，如孙惠康编写的《电子工艺实训教程》中电子工艺的基础部分内容。另外，由于在教学中我们引进了清华大学电子实习基地的几个实践方案，我们把相关的实践指导内容也汇编到本教程中，在此给予注明和表示感谢。本书编写工作由肖明明、刘毅、王员根、刘云、倪宇和岳洪伟共同完成，蔡肯也参与了部分编写工作，在此一并表示感谢。

总体而言，本书与其他国内外电子信息工程类专业实践教材相比较，具有以下特色：①根据课程内容和知识结构的调整、优化以及个性化人才培养的需要，在本书中体现了我们对实践教学指导体系进行了调整和优化；②在确保验证性实践质量的同时，增加提高型实践（综合性、设计性、应用性方案等）的比例；③采取分层次、分阶段、循序渐进的模式，由浅入深、由简单到综合、课内外结合，并通过开放式实践教学，留有余地鼓励学生自主立项，充分调动学生学习的积极性和主动性，让学生成为实践活动的主人,培养科学的实验方法和严谨的工作态度。

  本书详尽、通俗易懂而不乏精练,基础性理论内容权威且覆盖了本领域的核心内容,介绍最新的前沿技术且贴近应用。从目前我们每年开展的本科教学来看,学生对我们设计的课题内容兴趣浓厚,并可以付诸于应用。如上所述,目前系统地、完整地把电子信息学科的实践课程的指导方案进行汇编的教材鲜见,可以说本书开创了电子信息学科实践课程指导方案的先河,相信本书的出版必将引起国内其他相关院校相关专业教学工作者的极大关注。

编者

2015 年 9 月

目　录

第1章　电子工艺实训指引 ··· 1
1.1　常用电子元器件 ··· 1
1.1.1　电阻器与电位器 ··· 1
1.1.1.1　电阻器与电位器的功能及分类 ··· 1
1.1.1.2　固定电阻器、电位器、敏感电阻的命名 ··· 2
1.1.1.3　电阻器参数 ··· 3
1.1.1.4　常见电阻器 ··· 5
1.1.1.5　电位器 ··· 6
1.1.2　电容器 ··· 7
1.1.2.1　常见电容器外形和电路符号以及单位 ··· 7
1.1.2.2　电容器性能参数 ··· 9
1.1.2.3　常见的几种电容器的特点 ··· 10
1.1.2.4　电容器的合理选用 ··· 11
1.1.2.5　电容器的质量判别 ··· 11
1.1.3　电感器和变压器 ··· 13
1.1.3.1　电感器 ··· 13
1.1.3.2　变压器 ··· 14
1.1.4　半导体器件 ··· 17
1.1.4.1　半导体器件命名 ··· 17
1.1.4.2　二极管 ··· 18
1.1.4.3　三极管 ··· 20
1.1.4.4　场效应管 ··· 21
1.1.4.5　集成电路 ··· 22
1.2　印制电路板 ··· 23
1.2.1　印制电路板的特点 ··· 23
1.2.2　印制电路板的分类 ··· 23
1.2.3　对印制导线的要求 ··· 24
1.2.4　电路中各种元器件的安排 ··· 25
1.2.5　印制电路板的简易制作 ··· 25
1.3　焊接工艺 ··· 27
1.3.1　线路板焊接基本知识 ··· 27
1.3.1.1　焊接概述 ··· 27
1.3.1.2　焊接原理 ··· 28

1.3.1.3　线路板焊接特点 ………………………………………… 28
　　1.3.1.4　线路板锡接条件 ………………………………………… 29
　　1.3.1.5　助焊剂要求 ……………………………………………… 29
　　1.3.1.6　助焊剂的作用 …………………………………………… 30
　　1.3.1.7　常用助焊剂介绍 ………………………………………… 30
　　1.3.1.8　阻焊剂 …………………………………………………… 31
　　1.3.1.9　焊锡丝的组成与结构 …………………………………… 31
　1.3.2　电烙铁的基本结构 ……………………………………………… 32
　1.3.3　手工焊接过程 …………………………………………………… 34
　　1.3.3.1　操作前检查 ………………………………………………… 34
　　1.3.3.2　焊接步骤 …………………………………………………… 34
　　1.3.3.3　焊接要领 …………………………………………………… 36
　　1.3.3.4　锡点质量的评定 …………………………………………… 37
　　1.3.3.5　使用拆焊技术 ……………………………………………… 37
参考文献 ……………………………………………………………………… 38

第2章　FM（SMT）微型收音机制作 …………………………………… 39
2.1　引言 …………………………………………………………………… 39
　2.1.1　SMT简介 ………………………………………………………… 39
　　2.1.1.1　THT与SMT ………………………………………………… 39
　　2.1.1.2　SMT主要特点 ……………………………………………… 40
　　2.1.1.3　SMT工艺及设备简介 ……………………………………… 40
　2.1.2　SMT元器件及设备 ……………………………………………… 41
　　2.1.2.1　表面贴装元器件SMD（surface mounting devices） …… 41
　　2.1.2.2　印制板SMB（surface mounting Board） ………………… 42
　　2.1.2.3　小型SMT设备 ……………………………………………… 43
　　2.1.2.4　SMT焊接质量 ……………………………………………… 44
　2.1.3　实习产品——电调谐微型FM收音机 ………………………… 45
　　2.1.3.1　产品特点 …………………………………………………… 45
　　2.1.3.2　工作原理 …………………………………………………… 45
　2.1.4　实习产品安装工艺 ……………………………………………… 48
　　2.1.4.1　安装流程 …………………………………………………… 48
　　2.1.4.2　安装步骤及要求 …………………………………………… 48
　　2.1.4.3　调试及总装 ………………………………………………… 50
　　2.1.4.4　材料清单 …………………………………………………… 52
2.2　电子元器件检测 ……………………………………………………… 52
　2.2.1　电阻器检测 ……………………………………………………… 53
　2.2.2　电位器检测 ……………………………………………………… 53
　2.2.3　电容器检测 ……………………………………………………… 54

2.2.4　电感器检测 …………………………………………………………… 54
　　2.2.5　二极管检测 …………………………………………………………… 54
　　2.2.6　开关及连接器检测 ……………………………………………………… 55
　　2.2.7　三级管的检测 …………………………………………………………… 55
参考文献 …………………………………………………………………………… 56

第3章　直流稳压/充电电源制作 …………………………………………………… 57
3.1　实践目标 …………………………………………………………………… 57
3.2　产品简介 …………………………………………………………………… 57
　　3.2.1　主要性能指标 …………………………………………………………… 57
　　3.2.2　工作原理 ………………………………………………………………… 57
　　3.2.3　软件仿真（Multisim）………………………………………………… 59
3.3　印制板设计（Ultiboard）………………………………………………… 60
3.4　制作工艺 …………………………………………………………………… 62
　　3.4.1　印制板制作 ……………………………………………………………… 62
　　3.4.2　印制板的安装 …………………………………………………………… 62
　　3.4.3　整机装配工艺 …………………………………………………………… 64
　　　　3.4.3.1　装接电池夹正极片和负极弹簧 ……………………………… 64
　　　　3.4.3.2　电源线连接 …………………………………………………… 65
　　　　3.4.3.3　焊接A板与B板以及变压器的所有连线 ………………… 65
　　　　3.4.3.4　焊接印制板B与电池片间的连线 ………………………… 65
　　　　3.4.3.5　装入机壳 ……………………………………………………… 65
3.5　检测调试 …………………………………………………………………… 65
　　3.5.1　目视检验 ………………………………………………………………… 65
　　3.5.2　通电检测 ………………………………………………………………… 65
　　3.5.3　故障检测 ………………………………………………………………… 68
　　3.5.4　设计所用材料清单 ……………………………………………………… 69
参考文献 …………………………………………………………………………… 70

第4章　电子闹钟的设计 …………………………………………………………… 71
4.1　本设计概述 ………………………………………………………………… 71
4.2　产品简介 …………………………………………………………………… 71
4.3　设计思路及总体设计 ……………………………………………………… 71
4.4　工作条件 …………………………………………………………………… 72
　　4.4.1　74160 ………………………………………………………………… 72
　　4.4.2　解码型七段数码管 ……………………………………………………… 72
4.5　项目的原理图与仿真 ……………………………………………………… 73
　　4.5.1　计时模块设计 …………………………………………………………… 73
　　　　4.5.1.1　计分钟、计秒钟子模块的设计 ……………………………… 73
　　　　4.5.1.2　计小时子模块的设计 ………………………………………… 73

  4.5.2 显示模块及调时模块设计 ·················· 76
  4.5.3 闹钟模块设计 ·················· 76
 4.6 附录 ·················· 79
  参考文献 ·················· 79

第5章 声控楼道延时照明开关的制作 ·················· 80
 5.1 设计概述 ·················· 80
 5.2 实验条件 ·················· 80
 5.3 电路原理 ·················· 80
 5.4 元件清单 ·················· 84
  参考文献 ·················· 84

第6章 机器猫制作 ·················· 85
 6.1 实践目标 ·················· 85
 6.2 实习产品简介 ·················· 85
  6.2.1 工作条件 ·················· 85
  6.2.2 555构成的单稳态触发电路的工作原理 ·················· 86
 6.3 原理图设计与仿真（Multisim） ·················· 87
 6.4 印制板设计（Ultiboard） ·················· 89
 6.5 制作工艺 ·················· 92
  6.5.1 印制板制作 ·················· 92
  6.5.2 印制板的安装 ·················· 93
   6.5.2.1 元器件检测 ·················· 93
   6.5.2.2 印制板焊接 ·················· 93
 6.6 整机装配与调试 ·················· 94
 6.7 机器猫制作材料清单 ·················· 95
 6.8 创建光电耦合器4N25 ·················· 96
  参考文献 ·················· 101

第7章 自动寻迹防撞小车的的设计实现 ·················· 102
 7.1 设计概述 ·················· 102
 7.2 自动寻迹防撞小车的设计方案 ·················· 102
  7.2.1 智能小车总体功能方案 ·················· 102
  7.2.2 硬件方案 ·················· 102
   7.2.2.1 传感器方案 ·················· 103
   7.2.2.2 电机驱动模块 ·················· 103
   7.2.2.3 单片机系统 ·················· 103
  7.2.3 软件方案 ·················· 103
 7.3 硬件设计与描述 ·················· 104
  7.3.1 TCRT5000传感模块介绍 ·················· 104
   7.3.1.1 TCRT5000传感模块 ·················· 104

7.3.1.2 TCRT5000 结构 ··· 104
7.3.1.3 IC_LM324 介绍 ·· 105
7.3.1.4 TCRT5000 传感器模块工作原理 ···························· 105
7.3.1.5 应用场合 ·· 105
7.3.1.6 基本参数 ·· 105
7.3.1.7 传感器模块电路图 ··· 106
7.3.2 直流电机驱动模块介绍 ·· 106
7.3.2.1 IC_L298 介绍 ··· 106
7.3.2.2 IC_L298 内部结构 ··· 107
7.3.2.3 驱动模块电路图 ·· 108
7.3.3 STC89C52 单片机系统 ·· 109
7.3.3.1 STC89C52 系统性能 ··· 109
7.3.3.2 芯片引脚图排列和说明 ······································· 109
7.3.3.3 STC89C52 最小系统 ·· 110
7.4 自动寻迹防撞小车工作原理 ·· 111
7.4.1 小车运动原理 ·· 111
7.4.2 小车防撞原理 ·· 112
7.4.3 自动寻迹原理 ·· 112
7.5 软件设计与描述 ·· 113
7.5.1 小车系统流程图 ··· 113
7.5.2 程序分析 ·· 114
7.5.3 小车调试方法 ·· 116
7.6 小车系统电路图 ·· 116

第8章 数控数显充电器的设计实现 ··· 118
8.1 本设计概述 ·· 118
8.2 产品简介 ··· 118
8.3 工作条件 ··· 118
8.3.1 ADC0809 ·· 118
8.3.2 DAC0832 ·· 121
8.4 项目的原理图 ··· 124
8.5 单片机程序设计 ·· 128
8.6 附录 ··· 128
8.6.1 元件清单 ·· 128
8.6.2 单片机参考代码 ··· 129
参考文献 ·· 133

第9章 桌上电子记事本的设计 ·· 135
9.1 本设计概述 ·· 135
9.2 产品简介 ··· 135

9.3 工作条件 ·· 135
  9.3.1 LCD1602液晶显示芯片引脚介绍 ··· 135
  9.3.2 LCD1602的显示控制方法 ·· 137
9.4 项目的原理图与仿真 ·· 140
  9.4.1 原理图设计 ··· 140
  9.4.2 液晶显示仿真 ··· 142
9.5 计算机端控制程序设计 ·· 143
  9.5.1 计算机控制界面设计 ·· 143
  9.5.2 VB与单片机进行串行通信 ·· 144
9.6 单片机程序设计 ·· 145
9.7 附录 ·· 146
  9.7.1 元件清单 ··· 146
  9.7.2 VB参考代码 ·· 146
  9.7.3 单片机参考代码 ·· 147
  参考文献 ··· 152

第10章 一种简单可调稳压电源的制作 ··· 154
10.1 本设计概述 ·· 154
10.2 产品简介 ·· 154
10.3 电路原理 ·· 154
10.4 制作及调试 ·· 157
  10.4.1 元件清单 ·· 157
  10.4.2 PCB制作与调试 ·· 158
  参考文献 ··· 158

第11章 低成本的无线话筒设计 ··· 159
11.1 设计目的 ·· 159
11.2 设计任务与要求 ·· 159
  11.2.1 任务 ··· 159
  11.2.2 要求 ··· 159
11.3 设计原理与实现 ·· 159
  11.3.1 设计原理 ·· 159
    11.3.1.1 调频无线话筒原理图 ·· 160
    11.3.1.2 调频无线话筒电路 ·· 160
11.4 单元电路设计、参数计算、元器件选择 ··· 161
  11.4.1 单元电路设计 ·· 161
  11.4.2 元件参数的确定 ·· 162
    11.4.2.1 元件选择与自制 ·· 162
    11.4.2.2 元器件型号 ·· 163
11.5 安装与调试 ·· 164

11.5.1　安装 …… 164
　　11.5.2　调试 …… 164
　11.6　计算机模拟 …… 164
　11.7　遇到的问题及其解决 …… 166
　　11.7.1　遇到的问题 …… 166
　　11.7.2　解决的方法 …… 166
　参考文献 …… 167

第12章　自动寻人机器人的设计 …… 168
　12.1　本设计概述 …… 168
　12.2　产品简介 …… 168
　12.3　工作条件 …… 168
　　12.3.1　LCD1602液晶显示芯片 …… 168
　　　12.3.1.1　LCD1602引脚介绍 …… 168
　　　12.3.1.2　LCD1602的显示控制方法 …… 168
　　12.3.2　热释电红外探头及处理芯片 …… 168
　　　12.3.2.1　热释电红外探头 …… 168
　　　12.3.2.2　热释红外处理芯片 …… 170
　　12.3.3　无线数据发射及接收 …… 171
　　　12.3.3.1　无线发射 …… 171
　　　12.3.3.2　无线接收 …… 172
　　12.3.4　电机驱动 …… 173
　12.4　项目的原理图与仿真 …… 174
　　12.4.1　原理图设计 …… 174
　　12.4.2　液晶显示仿真 …… 177
　12.5　单片机程序设计 …… 179
　12.6　附录 …… 180
　　12.6.1　元件清单 …… 180
　　12.6.2　单片机参考代码 …… 181
　参考文献 …… 184

第1章 电子工艺实训指引

1.1 常用电子元器件

电阻器、电容器、电感器、变压器、晶体二极管、晶体三极管、集成电路等都是整机电路常见的元器件。学习和掌握常用元器件的性能、用途、质量判别方法,对提高电子设备的装配质量及可靠性能起到重要的保证作用。本节将学习这些元器件的用途、主要性能参数、规格型号以及检查这些元器件质量好坏的基本知识。

1.1.1 电阻器与电位器

1.1.1.1 电阻器与电位器的功能及分类

电阻在电路中的主要作用是控制电压、电流的大小,还可以与其他元件配合,组成耦合、滤波、反馈、补偿等各种不同功能的电路。电位器即可调电阻器,在电路中常用来调节各种电压或信号的大小。电阻器的单位为:欧姆(Ω),千欧(kΩ),兆欧(MΩ),吉欧(GΩ),$1G\Omega = 10^3 M\Omega = 10^6 k\Omega = 10^9 \Omega$。下面对电阻器的分类、主要参数、标志方法等基本知识进行相应的介绍。各种电阻器、电位器的图形和符号如图1-1所示。

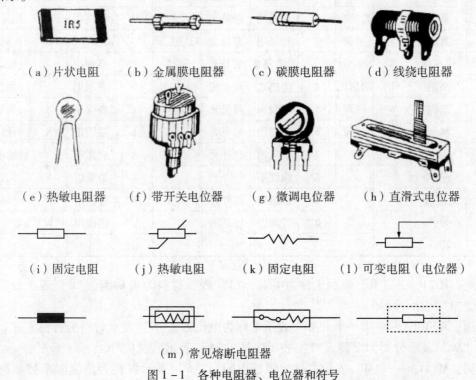

(a)片状电阻　(b)金属膜电阻器　(c)碳膜电阻器　(d)线绕电阻器

(e)热敏电阻器　(f)带开关电位器　(g)微调电位器　(h)直滑式电位器

(i)固定电阻　(j)热敏电阻　(k)固定电阻　(l)可变电阻(电位器)

(m)常见熔断电阻器

图1-1 各种电阻器、电位器和符号

1.1.1.2 固定电阻器、电位器、敏感电阻的命名

固定电阻器、电位器、敏感电阻的命名方法主要由五个部分组成：第一部分用字母表示产品的主称。R——电阻器，W——电位器，M——敏感电阻器；第二部分用字母表示产品的材料或类别，如表1-1所示；第三部分用数字或字母表示电阻器、电位器、敏感电阻器的特性、用途、类别，如表1-2所示；第四部分用数字表示生产序号；第五部分用字母表示同一序号但性能又有一定差异的产品区别代号。

表1-1 固定电阻器、电位器、敏感电阻的材料和类别

电阻器电位器		电阻器电位器		敏感电阻		敏感电阻	
字母	材料	字母	材料	字母	材料	字母	材料
T	碳膜	Y	氧化膜	Z	正温度系数热敏材料	S	湿敏材料
H	合成膜	C	沉积膜			Q	气敏材料
S	有机实芯	I	玻璃釉膜	F	负温度系数热敏材料	G	光敏材料
N	无机实芯	X	线绕			C	磁敏材料
J	金属膜			Y	压敏材料		

表1-2 固定电阻器、电位器、敏感电阻的特性、用途、类别

电阻器电位器				敏感电阻							
数字	意义	数字	意义	数字	热敏电阻用途	光敏电阻用途	力敏电阻用途	字母	压敏电阻用途	字母	湿敏电阻用途
1	普通	G	高功率	1	普通用	紫外光	硅应变片	W	稳压用	C	测湿用
2	普通	T	可调	2	稳压用	紫外光	硅应变梁	G	高压保护	K	控温用
3	超高频	X	小型	3	微波测量	紫外光	硅柱	P	高频用	字母	气敏电阻用途
4	高阻	L	测量用	4	旁热式	可见光		N	高能用		
5	高温	W	微调	5	测量用	可见光		K	高可靠	Y	烟敏
7	精密	D	多圈	6	控温用	可见光		L	防雷用	K	可燃性
8	电阻：高压 电位器：特殊			7	消磁用	红外光		H	灭弧用	字母	磁敏电阻用途
				8	线性用	红外光		Z	消噪用		
				9	恒温用	红外光		B	补偿用	Z	电阻器
				0	特殊用	特殊用		C	消磁用	W	电位器
9	特殊										

例：RJ21——"R"表示主称为电阻，"J"表示材料为金属膜，"2"表示分类为普通，"1"表示序号。

例：WSW1A——第一个"W"表示主称为电位器，"S"表示材料为有机实芯，第二个"W"表示分类为微调，"1"表示序号，"A"表示区别代号。

例：MF41——"M"表示主称为敏感电阻，"F"表示材料为负温度系数敏感材

料,"4"表示分类为旁热式,"1"表示序号。

1.1.1.3 电阻器参数

1. 标称值和允许偏差

一般电阻器标称值系列如表1-3所示,表中所有数值都可以乘以10^n,单位为Ω,n为整数。该表也使用于电位器、电容器标称值系列,在表示电容容量标称值系列时的单位为pF。

表1-3 电阻器、电容器标称值系列

系列	偏差	标准值
E24	Ⅰ级±5%	1.0、1.1、1.2、1.3、1.5、1.6、1.8、2.0、2.2、2.4、2.7、3.0 3.3、3.6、3.9、4.3、4.7、5.1、5.6、6.2、6.8、7.5、8.2、9.1
E12	Ⅱ级±10%	1.0、1.2、1.5、1.8、2.2、2.7、3.3、3.9、4.7、5.6、6.8、8.2
E6	Ⅲ级±20%	1.0、1.5、2.2、3.3、4.7、6.8

电阻器的标称值和偏差一般都以各种方法标记在电阻体上,其标记方法有以下几种:

(1) 直标法。在电阻体表面用具体数字、单位符号和百分数直接标出电阻器的阻值和允许误差。优点是直观,一目了然。如图1-2a所示,一般用"Ⅰ"表示±5%,"Ⅱ"表示±10%,"Ⅲ"表示±20%。

(2) 文字符号法。将标称值及允许偏差用文字和数字有规律的组合来表示,如图1-2b所示。例如,2R2K表示(2.2±0.22)Ω,R33J表示(0.33±0.165)Ω,1K5M表示(1.5±0.3)kΩ,末尾字母表示为偏差。一般常用字母来表示偏差,允许偏差的文字符号表示如表1-4所示,不标记的表示偏差未定。

(3) 数码表示法。如图1-2c所示,例如,103K,"10"表示2位有效数字,"3"表示倍乘10^3,"K"表示偏差±10%,即阻值为$10 \times 10^3 \Omega = 10 k\Omega$。又如222J,表示阻值为$22 \times 10^2 = 2.2 k\Omega$,"J"表示偏差为5%,偏差表示方法与文字符号相同。10Ω以下的小数点也与文字符号法相同,用R表示,例如2.2Ω,也用2R2表示。

表1-4 允许偏差的文字符号表示

	W	B	C	D	F	G	J	K	M	N	R	S	Z
偏差(%)	±0.05	±0.1	±0.2	±0.5	±1	±2	±5	±10	±20	±30	+100 -10	+50 -20	+80 -20

(4) 色标法。用不同颜色表示电阻数值和偏差或其他参数时的色标符号规定,如表1-5所示。该表也适合于用色标法表示电容、电感的数值和偏差,它们的单位分别是:用于电阻时为Ω,用于电容时为pF,用于电感时为μH,表示额定电压时只限于电容。

表 1-5 色标符号规定

	银	金	黑	棕	红	橙	黄	绿	蓝	紫	灰	白	
有效数字	—	—	0	1	2	3	4	5	6	7	8	9	—
乘数	10^{-2}	10^{-1}	10^{0}	10^{1}	10^{2}	10^{3}	10^{4}	10^{5}	10^{6}	10^{7}	10^{8}	10^{9}	
偏差（%）	±10	±5	—	±1	±2	—	—	±0.5	±0.25	±0.1	—	$+50 \atop -20$	±20
额定电压（V）	—	—	4	6.3	10	16	25	32	40	50	63	—	—

用色标法表示电阻数值和偏差如图 1-2d、e 所示。普通电阻常用 2 位有效数字表示，精密电阻常用 3 位有效数字表示。图 1-2d 所示的阻值为 $27 \times 10^{3} \Omega = 27 k\Omega$，偏差 ±5%，图 1-2e 所示的阻值为 $332 \times 10^{2} \Omega = 33.2 k\Omega$，偏差 ±1%。

第一色环即第一位有效数字识别方法：第一色环一般是靠最左边，偏差色环常稍远离前面几个色环。还有金、银色环不可能是第一色环，如色环完全是均匀分布且没有金银色环时，只能通过万能表测试来帮忙判断。若色环颜色分不清楚时，也可利用电阻标称值系列来帮助判断，这样可大大减少颜色可选择种类。

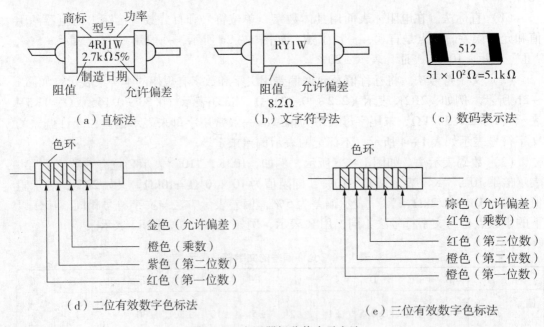

图 1-2 电阻器标称值表示方法

2. 电阻器额定功率

电阻器额定功率是指正常条件下，电阻器长期连续工作并满足规定的性能要求时，所允许消耗的最大功率。电阻器额定功率系列如表 1-6 所示。

表1-6 电阻器额定功率系列（单位：W）

非线绕电阻	0.05, 0.125, 0.25, 0.5, 1, 2, 5, 10, 25, 50, 100
线绕电阻	0.125, 0.25, 0.5, 1, 2, 4, 8, 10, 16, 25, 40, 50, 75, 100, 150, 250, 500

额定功率2W以下的电阻一般不在电阻器上标出，额定功率2W以上的电阻才在电阻器用数字标出，而在线路图上的电阻器符号没有特别标记，则一般指额定功率0.125W的电阻，电阻器额定功率符号如图1-3所示，大于额定功率1W的电阻都直接标出。

图1-3 电阻器额定功率符号

3. 电阻器其他性能参数

电阻器其他性能参数，如温度系数、噪声系数等，与其所用的材料有关，一般不在电阻器上表明。

1.1.1.4 常见电阻器

（1）碳膜电阻（型号RT）的特点：阻值范围为$1 \sim 10^7 \Omega$，各项性能参数都一般，但其价格低廉，广泛用于各种电子产品中。

（2）金属膜电阻（型号RJ）的特点：阻值范围为$1 \sim 10^7 \Omega$，温度系数小，稳定性能好，噪声低，同功率下与碳膜电阻相比，体积较小，但价格稍贵，常用于要求低噪、高稳定性的电路中。

（3）金属氧化膜电阻（型号RY）的特点：有较好的脉冲高频过负荷性能，机械性能好，化学性能稳定，但其阻值范围窄（$1 \sim 2 \times 10^5 \Omega$），温度系数比金属膜电阻差，常用于一些在恶劣环境中工作的电路上。

（4）线绕电阻（型号RX）的特点：阻值范围为$0.01 \sim 1 \times 10^7 \Omega$，可以制成精密型和功率型电阻，所以常在高精度或大功率电路中使用，但不适宜在高频电路中工作。

（5）金属玻璃釉电阻（型号RI）特点：耐高温、功率大，阻值宽（$5.1 \sim 2 \times 10^8 \Omega$），温度系数小，耐湿性好，常用它制成小型化贴片电阻。

（6）实芯电阻（型号RS）的特点：过负荷能力强，不易损坏，可靠性高，价格低廉，但其他性能参数都较差，阻值范围为$4.7 \sim 2.2 \times 10^7 \Omega$，常用在要求高可靠性的电路中（如宇航工业）。

（7）合成碳膜电阻（型号RH）的特点：阻值范围为$10 \sim 1 \times 10^{12} \Omega$之间，主要用来制造高压高阻电阻器。

（8）电阻排。又称集成电阻，在一块基片上制成多个参数性能一致的电阻，常在计算机上使用。

（9）熔断电阻。又称水泥电阻，常用陶瓷或白水泥封装，内有热熔性电阻丝，当工作功率超过其额定功率时，会在规定时间内熔断，主要起保护其他电路的作用。在电视、录像机电路中常用作大功率限流电阻。

(10) 敏感元器件（M）。主要是指用于检测温度、光照度、湿度、压力、磁通量、气体浓度等物理量的传感器，广泛用于各种自动化控制电路和保护电路上。

1.1.1.5 电位器

电位器一般有三只引脚，若带中心抽头则有四只引脚，若是多联电位器则引脚数就多了，其中每一个单联电位器都只用一只滑动臂，其余为固定臂。碳膜电位器内部结构图如图1-4所示。

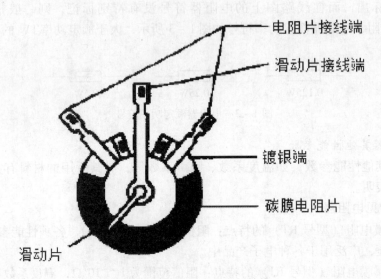

图1-4 碳膜电位器内部结构

1. 电位器参数

（1）标称阻值和允许偏差。标称阻值是指电位器两个固定端的阻值，其规定的标称值与电阻器规定中的标称值的E6、E12系列相同，具体标称值参见表1-3。允许偏差有下列几种：±20%，±10%，±5%，±2%，±1%，±0.1%等。

（2）电位器额定功率。在相同体积情况下，线绕电位器功率比一般电位器的功率大。

（3）电位器其他参数：①滑动噪声；②电位器分辨力；③电阻膜耐模性；④双联电位器同步性；⑤电位器阻值变化规律（见图1-5）；⑥电位器轴长与轴端结构（见图1-6）。

2. 电位器的分类

电位器种类有很多，按材料、调节方式、结构特点、阻值变化规律、用途分成多种电位器，如表1-7所示。

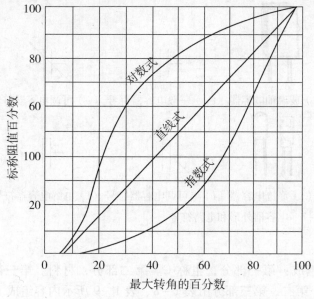

图1-5 电位器阻值的变化规律

（a）ZS-1光轴式

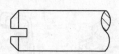

（b）ZS-3带起子槽式

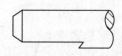

（c）ZS-5铣平面式

图1-6 电位器轴长、轴端结构

表1-7 电位器的种类

分类方式		种 类
材料	合金型电位器	线性电位器，块金属膜电位器
	合成型电位器	有机和无机实芯型，金属玻璃釉型，符合模型
	薄膜型电位器	金属薄膜，金属氧化膜型，碳膜型，复合膜型
按调节方式		直滑式，旋转式（有单圈和多圈两种）
按结构方式		带抽头型，带开关型（推拉式和旋转式），单联，同步多联，异步多联
阻值变化规律		线性型，对数型，指数型
用途		普通型，微调型，精密型，功率型，专用型

1.1.2 电容器

电容器是组成电路的基本元件之一，它是由两个相互靠近的导体与中间所夹的一层绝缘介质组成。电容器是一种储能元件，常用于谐振、耦合、隔直、滤波、交流旁路等电路中。

1.1.2.1 常见电容器外形和电路符号以及单位

1. 电容器外形和电路符号（见图1-7）

2. 电容器单位

$1F$（法拉）$= 10^3 mF$（毫法）$= 10^6 \mu F$（微发）$= 10^9 nF$（纳法）$= 10^{12} pF$（皮法）。最常用的两个单位是μF和pF，一般情况下，够10000pF就化成μF单位，如20000pF＝0.02μF。

（a）电解电容器 （b）瓷介电容器 （c）玻璃釉电容器 （d）一般电容器符号 （e）可调电容器符号

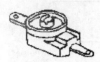

（f）微调电容器 （f）双联可调电容器 （f）涤沧电容器 （f）半可调电容器符号 （f）电解电容器符号

图 1-7 电容器外形和电路符号

3. 电容器命名

电容器的命名一般由四部分组成：第一部分，主称 C。第二部分，材料。第三部分，特性分类。第四部分，序号。第二、第三部分由表 1-8、表 1-9 所示内容组成。

表 1-8 电容器材料代号及其意义

符号	含义	符号	含义	符号	含义	符号	含义
C	高频瓷介	B	聚苯乙烯	Q	漆膜	A	钽电解质
T	低频瓷介	BB	聚丙烯	Z	纸介	N	铌电解质
Y	云母	F	聚四氟乙烯	J	金属化纸介	C	合金电解质
I	玻璃釉	L	涤纶	H	复合介质		
O	玻璃膜	S	聚碳酸酯	D	铝电解		

表 1-9 电容器特性分类中数字、字母的表示意义

数字	1	2	3	4	5	6	7	8	9
瓷介	圆片	管型	叠片	独石	穿心	支柱		高压	
云母	非密封	密封	密封					高压	
有机	非密封	密封	密封		穿心			高压	特殊
电解		筒式	烧结粉液体	烧结粉固体		无极性			特殊
字母	D	X	Y	M	W	J	C	S	
意义	低压	小型	高压	密封	微调	金属化	穿心	独石	

注：以上规定对可变电容和真空电容不适用

例：CT12 表示圆片低频介电容器，其中"2"表示符号。

1.1.2.2 电容器性能参数

1. 电容器标称容量和偏差

电容器标称容量和偏差与电阻器的规定相同，可参见表1-3所示，但不同种类的电容会使用不同系列，如电解电容使用的是E6系列，偏差有±10%、±20%、等几种，它的标记方法有以下几种：

(1) 直标法。直接把电容器容量、偏差、额定电压等参数直接标记在电容器体上，如图1-8a所示。有时因面积小而省略单位，但存在这样的规律，即小数点前面为0时，则单位为μF；小数点前不为0时，则单位为pF。如图1-8d所示，偏差也有用Ⅰ、Ⅱ、Ⅲ三级来表示的。

(2) 文字符号法。如图1-8b所示，与电阻文字符号法相似，只是单位不同。

例：P82 = 0.82pF；6n8 = 6800pF；22 = 2.2μF。

(3) 数码表示法。与电阻数码表示法基本相同，如图1-8c所示，只有个别的不同。如第三位数"9"表示10^{-1}，后面字母表示偏差，可参见表1-4。

例：339K = 33 × 10^{-1}pF = 3.3 (1 ± 10%) pF；
　　102J = 10 × 10^{2}pF = 1000 (1 ± 5%) pF；
　　103J = 10 × 10^{3}pF = 0.01 (1 ± 5%) μF；
　　204K = 20 × 10^{4}pF = 0.2 (1 ± 10%) μF。

(4) 色标法。电容器色标法与电阻器色标法规定相同，可参见表1-5。基本单位pF，有时还会在最后增加一色环表示电容额定电压，如图1-8e、f所示。

电容容量表示方法还有色点表示法，该方法与色标法相似，不再详述。新型贴片除了使用数码法、文字符号法表示外，还使用1种颜色 + 1个字母 + 1个数字来表示其容量。

例：黑色 + A——表示10pF，A0 = 1pF。

2. 电容器额定电流工作电压

电容器额定电流工作电压是指，电容器在指定的温度范围内能长期可靠地工作所能承受的最大电流电压，它的大小与介质厚度、种类有关。该参数一般都直接标记在电容器上，以便选用。但要注意，当电容器工作在交流电路时，交流电压峰值不得超过额定电流工作电压。电容器常用的额定直流工作电压有：6.3V、10V、16V、25V、63V、100V、160V、250V、400V、630V、1000V、1600V、2500V等。

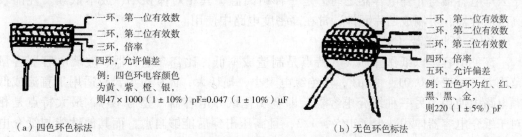

(a) 四色环色标法　　　　　　　　　　(b) 五色环色标法

图1-8　电容容量标记方法

3. 工作温度范围

电容器必须在指定的工作温度范围内才能稳定工作。一般的电解电容器都直接标出它的上限工作温度，如85℃或105℃等。

4. 损耗角正切值 tgδ

损耗角正切值 tgδ 是指当电流流过电容器时，电容器的损耗功率与存储功率的比值，该值的大小取决于电容器介质所用的材料、厚度及制造工艺，它真实地表征了电容器质量的优劣。数值越小，电容器质量越好。tgδ 数值一般为 $10^{-2} \sim 10^{-4}$，但该值一般不标注在电容器体上，只能用专用仪器来测量，也可以根据电容器所用的介质作参考。

5. 温度系数

温度系数是反映电容器稳定性的一个重要参数，该值有正有负，它的绝对值越小，表明电容器温度稳定性越高。

1.1.2.3 常见的几种电容器的特点

1. 瓷介电容器

该种电容器是以陶瓷为介质的电容器，根据介质常数可分为高瓷瓷介电容器 CC 和低瓷电容器 CT。

（1）CC 瓷介电容器——介瓷常数大于 1000。主要特点是体积小，性能稳定，耐热性好，绝缘电阻大，损耗小，成本低廉，但容量范围为 $1 \sim 1 \times 10^5$ pF，常用于要求低损耗、容量稳定的高频电路中。

（2）CT 瓷介电容器——介质常数小于 1000。主要特点是体积相对比 CC 型瓷介电容器小，容量比 CC 型大，容量最大达 4.7μF，但其绝缘电阻底，损耗大，稳定性比 CC 型差，一般用于低频电路中作旁路使用。

2. 云母电容器（型号 CY）

该种电容器是以云母作介质。主要特点是精度高，可达 ±（0.01%～0.03%），性能稳定，可靠，损耗小，绝缘电阻很高，是一种优质电容器，但容量小，一般为 $4.7 \sim 5.1 \times 10^3$ pF，体积大，成本高，主要用于对稳定性和可靠性要求较高的高频电路上，如一些高频本振电路。

3. 玻璃电容器

玻璃釉（型号 CI）、玻璃膜（型号 CQ），该种电容器是以玻璃为介质，稳定性介于云母电容器与介瓷电容器之间，是一种耐高温、其相对体积小、成本低廉、性能较高的电容器，可制成贴片元件，常在高密度电路中使用。

4. 纸介电容器（型号 CZ）

该种电容是以纸作介质，其特点是制造成本低，比瓷介电容器、玻璃电容器容量范围大，一般为 0.01～10μF，但绝缘电阻小，损耗大，体积也大，只适用于直流或低频电路中使用。另一种纸介电容器，即金属化纸介电容器（型号 CJ），最大特点是相对于纸介电容器体积减少了 1/5～1/3，且高压击穿后能够自愈，而其他性能与纸介电容器没有多大差别。

5. 有机薄膜电容器

该类电容器是以有机薄膜为介质。有机薄膜种类有很多，最常见的有涤纶薄膜、聚丙烯薄膜等。这类电容器总性能上都比低频瓷介电容器、纸介电容器好，器容量范围较大，但稳定性还不够高，其中涤纶金属聚碳酸酯等电容器只适用于低频电路。聚苯乙烯、聚四氟乙烯电容器高频特性好，使用于高频电路。聚丙烯电容器能耐高压，聚四氟乙烯电容还能耐高温。

6. 电解电容器

该类电容器是以金属氧化膜为介质。金属为阳极，电解质为阴极，其最大特点是容量范围很大，为 $0.47 \sim 2 \times 10^5 \mu F$。根据介质不同，电解电容器只要分为两种：

（1）铝电解电容器（型号CD）。该种电容器是以铝金属为阳极，常以圆桶状铝壳封装，最大特点是容量范围大，且价格低廉，但其绝缘性能差，损耗大，温度稳定性和频率特性差，电解液易干涸老化，不耐用，额定电流工作电压低，一般为 6.3～500V，适用于低频旁路、耦合、滤波等电路中使用。

（2）钽电解电容器（型号CA）。该类电容器分固体钽电解电容器和液体钽电解电容器两种。它与铝电解电容器相比，具有绝缘性好，相对体积和损耗都小，温度稳定性、频率特性好，耐用，不易老化，但相对额定电流工作电压较低，最高额定电流工作电压只有百余伏。

7. 可变电容器

可变电容器主要是由动片和定片及之间的介质以平行板结构而成。动片和定片通常是以半圆形或类似半圆形。转动动片，则改变了它们的平衡面积，从而改变其容量。可变电容介质常见有：空气、聚苯乙烯、陶瓷等。单个可调电容器称为单联可调电容器，两个称为双联、多个称为多联。AM收音机使用的是双联可调电容器，而AM/FM收音机使用的则是四联可调电容器，且在顶部还有四个作为补偿使用的微调可调电容器。

1.1.2.4　电容器的合理选用

电容器的主要性能可用 tg δ 和绝缘电阻两个参数来反映，它们也是对电路性能影响最大的两个参数，直接关系到整机技术指标。选用电容器时不能片面地追求电容器的高性能，还要全面地考虑电容的其他参数，如额定直流工作电压、体积、稳定性、能否耐高温等。对于电容器额定直流工作电压，一般选用大于实际工作电压1～2倍即可。总的来说，在满足产品技术要求的情况下，应该多选用低价位电容器，如一般电路中广泛使用的瓷介电容器、涤纶电容器、铝电解电容器等。

1.1.2.5　电容器的质量判别

电容器常见故障有开路、短路、漏电或容量减少等，除了准确的容量要用专用仪表测量外，其他电容器的故障用万用表都能很容易地检测出来，下面开始介绍用万用表检测电容器的方法。

1. 5000pF以上非电解电容器的检测

首先在测量电容器前必须对电容器短路放电，再用万用表最高档 $R \times 10k\Omega$ 或 $R \times 1k\Omega$ 档测量电容器两端，表头指针应先摆动一定角度后返回无穷大（由于万用表精度所限，该类电容指针最后都应指向无穷大），若指针没有任何变动，这说明电容器已击穿。电容器容量越大，指针摆动容量就越大。可以根据指针摆动最大幅度来判断电容器容量的大小,用以确定电容器容量是否减少了。测量时必须记录好测量不同容量的电容器时万用表指针摆动的最大幅度,才能作出准确判断。如因为容量太小看不清指针的摆动,则可调转两极再测一次,这次指针摆动幅度会更大。

对于5000pF以下电容器用万用表R×10kΩ档测量时,基本看不出指针摆动,所以若指针指向无穷大则只能说明电容没有漏电,是否有容量只能看专用仪器才能测量出来。

2. 检验带极性电解电容器

首先,要了解万用表电阻档内部结构,如图1-9所示。从图中可知,黑表笔是高电位,应接电容器正极,红表笔是低电位接电容器负极。测量时,指针同样摆动一定幅度后返回,但并不是所有的电容器万用表指针都返回至无穷大,有些会慢慢地稳定在某一位置上。读出该位置阻值,即为电容器漏电电阻,漏电电阻越大,其绝缘性越高。一般情况下,电解电容器的漏电电阻大于500kΩ时性能较好,在200～500kΩ时电容器性能一般,而小于200kΩ时漏电较为严重。

测量电解电容时要注意以下几点:

(1)每测量一次电容器前都必须先放电后测量(无极性电容器也一样)。

(2)测量电解电容器时一般选用R×1kΩ或R×10kΩ档,但47μF以上的电容器一般不再用R×10kΩ档。

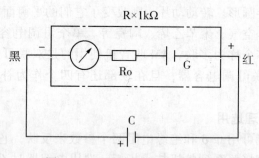

图1-9 万用表电阻档内部结构

(3)选用电阻档时要注意万用表内电池(一般最高电阻档使用6～22.5V的电池,其余的使用1.5V或3V电池)电压不应高于电容器额定电流工作电压,否则测量出来结果是不准确的。

(4)当电容器容量大于470μF时,可先用R×1Ω档测量,电容器充满电后(指针指向无穷大时)再调至R×1kΩ档,待指针再次稳定后,就可以读出其漏电电阻值,这样可大大缩短电容器的充电时间。

3. 可变电容器检测

首先,观察可变电容动片和定片有没有松动,然后再用万用表最高电阻档测量动片和定片的引脚电阻,并且调整电容器的旋钮。若发现旋钮转到某些位置时指针发生偏转,甚至指向0Ω时,说明电容器有漏电或碰片情况。电容器旋动不灵活或动片不能完全旋入和完全旋出,都必须修理或更换。对于四联可调电容器,必须对四组可调电容分别测量。

1.1.3 电感器和变压器

电感器又称电感线圈，是利用自感作用的元件，在电路中起调谐、振荡、滤波、阻波、延迟、补偿等作用。

变压器是利用多个电感线圈产生互感作用的元件。变压器实质上都是电感器，它在电路中起常起变压、耦合、匹配、选频等作用。

1.1.3.1 电感器

1. 电感器的主要参数

（1）标称电感量和偏差。电感器电感量标起方法有直标法、文字符号法、数码表示法、色标法等，与电阻器、电容器标称值标称方法一样，只是单位不同。电感量单位为 H，1H（亨利）= 10^3 mH（毫亨）= 10^6 μH（微亨）。

（2）品质因数（即 Q 值）。品质因数是指线圈在某一频率下工作时，所表现的感抗与线圈的总损耗电阻的比值，其中损耗电阻包括直流电阻、高频电阻、介质损耗电阻。Q 值越高，回路损耗越小，所以一般情况下都采用提高 Q 值的方法来提高线圈的品质因数。例如可以使用高频磁芯或介质损耗小的骨架绕制线圈。也可以改变电感器的绕制方法，以减少分布电容，也可以使用镀银线和多股导线绕制线圈以减小高频电阻损耗，有利于提高 Q 值。但是，并不是所有的电路的 Q 值越高越好，例如收音机的中频中周，为了加宽频带常外界一个阻尼电阻，以降低 Q 值。

（3）分布电容。线圈的匝与匝之间，线圈与铁芯之间都存在电容，这种电容均称为分布电容。频率越高，分布电容影响就越严重，Q 值会急剧下降。可以通过改变电感线圈绕制的方法来减少分布电容，如使用蜂房式绕制或间断绕制。

（4）额定电流。电感线圈中允许通过的最大电流。

（5）电流器直流电阻。所有电感器都有一定的直流电阻。阻值越小，回路损耗越小。该阻值是用万用表判断电感好坏的一个重要数据。

2. 电感器种类及电路符号

常见电感器及电路符号如图 1－10 所示。

（1）固定电感器。固定电感器一般在铁氧体上绕上线圈构成，特点是体积小、电感量范围大、Q 值高，常用直标法或色环表示法把电感量表在电感器上，在滤波、陷波、扼流、延迟等电路中使用。

（2）片式叠层电感器。这种电感器是由组成磁芯的铁氧体浆料和作为平面螺旋形线圈的导电浆料相间叠加后，烧结而成无引线的片式电感器，其特点是可靠性高、体积小，是理想的表面贴片元件。

（3）平面电感器。用真空蒸发、光刻、电镀方法，在陶瓷基片上淀积一层金属导线，并作塑料封装而成，其特点是性能稳定可靠，精度高。这种电感器也可以在印制电路板上直接印制，电感量可以在 2cm² 的平面上制作 2μH 的平面电感。这种电感器常用于高频电路上。

（4）高频空心小电感线圈。这种电感器是在不同直径的圆柱上单层密绕脱胎而成的，其结构简单易制，常用于收音机、电视机、高频放大器等高频谐振电路上，并可通过调节器调节匝间距离（即改变其电感量）实现电路各项频率指标的调整，例如 FM 收音机低端统调就是通过调节这类电感匝间距离实现的。

（5）各种专用电感器。根据各种电路特点要求，绕制出各种专用的电感器，种类很多。常见的如蜂房式绕制中波高频阻流线圈、小型振荡线圈、行场偏转线圈、亮度延迟线圈及各种磁头等。

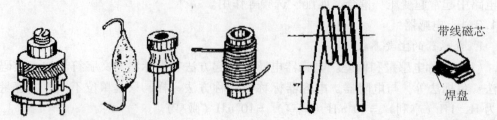
（a）可调磁芯电感器 （b）固定电感器 （c）空心电感器 （d）高频线感电感器 （e）片式叠层电感器

（f）印制电感器 　（g）线圈或阻流线圈 　（h）微调线圈 　（i）阻流线圈（带铁心）

图 1-10　常见电感器及电路符号

3. 电感器性能检测

在电感器常见故障中，如线圈和铁心松脱或铁心断裂，一般细心观察都能判断出来。若电感器开路，即两端电阻为无穷大，则用万用表就很容易测量出来，因为所有电感器都有一定阻值，常见的都在几百欧以下，特殊的也不超过 10k。若电感器出现匝间短路，则只能使用数字表准确测量其阻值，并与相同型号的电感器（正常使用的）进行比较，才能做出准确判断。若出现严重短路，阻值变化较大，凭经验也能判断其好坏。也可以用 Q 表测量其 Q 值，若有匝间短路时，Q 值会变得很小。

1.1.3.2　变压器

1. 变压器结构

变压器主要由铁心和线包组成，铁心是由磁导率高、损耗小的软磁材料制成。低频变压器铁心常用硅钢片组合而成，中高频变压器铁心常用高磁导率的铁氧体构成，常见变压器铁心结构形式如图 1-11 所示。线包主要由一次绕组、二次绕组及骨架构成。线包要有足够的机械强度，铁心、线圈骨架都必须紧密结合，不能有松动现象，否则容易产生干扰信号。

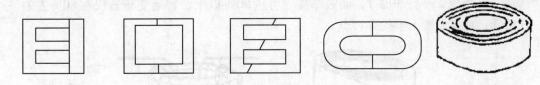

(a)"EI"型铁心　(b)"口"型铁心　(c)"F"型铁心　(d)"C"型铁心　(e)环型铁心

图1-11　变压器铁心结构形式

2. 常见变压器

常见变压器及电路符号如图1-12所示。

(1) 低频变压器。主要分音频变压器和电源变压器音频变压器又分输入和输出变压器两种,现在主要在电子管末级功放上作阻抗变换使用,收音机功放已很少使用这类变压器。选用音频变压器时,除了要了解其功率参数外还要知道其通频带特性,以及检查硅钢片、线包的紧密性,以免产生不必要的干扰。

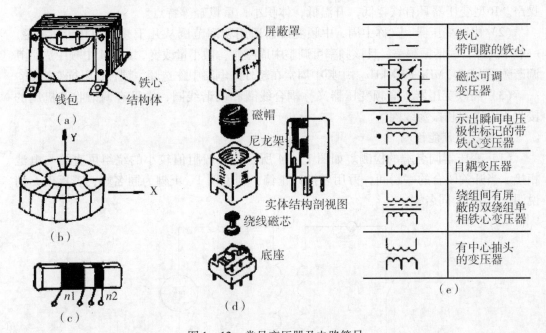

图1-12　常见变压器及电路符号

电源变压器常见的都是交流220V降压变压器,用于各种电器低压供电。传统的电源变压器铁心有"EI"型、"F"型、"CD"型等,该种变压器结构简单,易于绕制,价格低廉,所以被广泛使用。但作为音响和精密电子仪表的电源变压器时,由于具有较大漏磁,易产生低频干扰且较难消除,所以现在逐渐被新型的环型、R型变压器所取代。

1) 环型变压器。环型变压器俗称"环牛",结构如图1-13所示,其铁心采用晶粒取向硅钢带卷绕而成,磁通密度高,漏磁小,截面积可大为减少。同时采用环型绕方法绕制一、二次绕组,可以充分利用空间,使用线量大为减少,不仅节省导线,更重要的是减小变压器内阻,提高效率。环型变压器与同功率普通变压器相比,具有重量轻（可减少 25%～30%），而效率高（可达 90% 以上，普通变压器仅在 80% 左右），升温低，对放大器无干扰等特点。

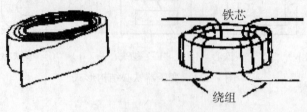

图 1-13 环型变压器结构示意

2）R 型变压器。R 型变压器外形与 C 型变压器相似，但其铁心的横截面却呈圆形，铁心周围磁场分布均匀。由于分布在 R 型铁心两侧的两个绕组采用逆相平衡绕制，因而能有效地抑制两只线圈中间区域的漏磁通。一般 R 型变压器的漏磁只有 EI 型变压器的 10%、C 型变压器的 20%，又由于圆截面铁心能使包紧附铁心，因而大大降低了噪声。R 型变压器具有铁耗低，升温低，体积小，重量轻等特点。

（2）中频变压器。又称中周，中频变压器适用频率范围从几千赫兹到几十兆赫兹。一般中周都有一谐振频率，且该频率可调整中周磁帽，做小量改变，如 FM 中频中周，其调谐频率为 10.7MHz±100kHz。中频中周常在超外差电路中作选频、耦合、阻抗变换等。

（3）高频变压器。高频变压器又称耦合线圈和调谐线圈，常见有调谐收音机用的接收天线线圈和振荡线圈。

3. 变压器性能检测

（1）变压器同名端的检测。如图 1-14 所示，一般阻值较小的绕组可直接与电池相接。当开关闭合的一瞬间，万用表指针正偏，则说明 1、4 脚为同名端；若反偏，则说明 1、3 脚为同名端。

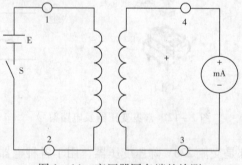

图 1-14 变压器同名端的检测

（2）电源变压器一次绕组与二次绕组的区分。由于降压电源变压器一次接于交流 220V，匝数较多，直流电阻较大，而二次为降压输出，匝数较小，直流电阻也小，利用这一特点可以用万用表很容易就判断出一次和二次绕组。

（3）变压器好坏的判断。判断变压器的好坏，首先要测量一次、二次绕组的好坏。如电源变压器的一次绕组直流电阻一般为 $1\times10^2\sim5\times10^3\Omega$，二次绕组的直流电阻一般都在 50Ω 以下。又如中频中周，一次、二次绕组直流电阻一般都在 10Ω 以下，谐振频率越高、直流电阻越小。FM 中周的直流电阻一般都在 1Ω 以下。变压器常见故障是开路，测量结果与实际阻值相差甚远，所以很容易判断出来。若变压器匝间短路，可用数字表测量其直流电阻，并与好的同型号变压器进行比较才能作出准确判断。有些变压器用该方法也是很难判断其好坏的，如彩电的行输出变压器高压绕组匝间短路时，用万用表、数字表都很难测量其好坏，只能用其他方法来判断，如测量其 Q 值。有匝间短路时，Q 值会大大降低，其次要测量变压器初级和次级之间的绝缘性，由于万用表精度有限，测量结果一般都为无穷大，指针稍有摆动，都说明变压器漏电。

1.1.4 半导体器件

本节主要介绍一些常见的半导体器件，如二极管、三极管、集成电路等。

1.1.4.1 半导体器件命名

国内半导体器件的命名方法（见图 1-15）：半导体器件的命名由五部分组成，第二、三部分的意义如表 1-10 所示。

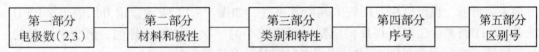

图 1-15 国内半导体器件的命名方法

例：2AP9——"2" 表示二极管，"A" 表示 N 型锗材料，"P" 表示普通管，"9" 表示序号。

3DG6——"3" 表示三极管，"D" 表示 NPN 硅材料，"G" 表示高频小功率管，"6" 表示序号。

表 1-10 半导体器件命名方法第二、三部分的意义

第二部分		第三部分					
字母	意义	字母	意义	字母	意义	字母	意义
A	N 型，锗材料	P	普通管	K	开关管	T	晶闸管
B	P 型，锗材料	V	微波管	Y	体效应器件	A	功率管
C	N 型，硅材料	W	稳压管	B	雪崩管		
D	P 型，硅材料	C	产量管	JG	阶跃恢复管	D	低频大功率管
A	PNP 型，锗材料	Z	整流管	CS	场效应管		
B	NPN 型，锗材料	L	整流对	BT	半导体特殊器件		
C	PNP 型，硅材料	S	隧道管	PIN	PIN 型管		
D	NPN 型，硅材料	N	阻尼管	FH	复合管		
E	化合物材料	U	光电器件	JC	激光管		

1.1.4.2 二极管

1. 常见二极管及电路符号（见图 1-16）

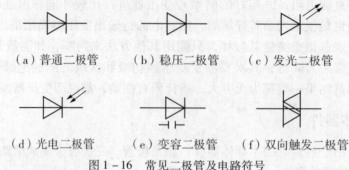

(a) 普通二极管　　(b) 稳压二极管　　(c) 发光二极管

(d) 光电二极管　　(e) 变容二极管　　(f) 双向触发二极管

图 1-16　常见二极管及电路符号

2. 常见二级管检测与代换

（1）普通二极管极性判别及性能检测。二极管具有单向导电性，一般带有色环的一端表示负极。也可以用万用表来判断其极性，如图 1-17 所示，用万用表 R×100Ω 或 R×1kΩ 档测量二极管正反向电阻，阻值较小的一次，二极管导通，黑表笔接触的是二极管正极（可参见图 1-9，使用电阻档时黑表笔是高电位）。

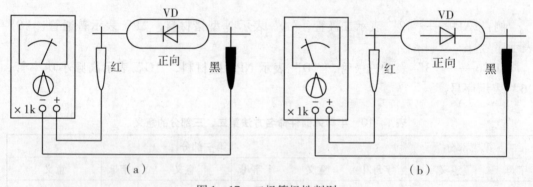

图 1-17　二极管极性判别

二极管是非线性元件，不同万用表，使用不同档次测量结果都不同，用 R×100Ω 档测量时，通常小功率锗管两种二极管。锗管反向电阻大于 20kΩ 即可符合一般要求，而硅管反向电阻都要求在 500kΩ 以上，小于 500kΩ 都视为漏电较严重，正常硅管测其反向电阻时，万用表指针都指向无穷大。

总的来说，二极管正、反向电阻相差越大越好，阻值相同或相近都视为坏管。测量二极管正、反向电阻时宜用万用表 R×100Ω 或 R×1kΩ 档，硅管也可以用 R×10kΩ 档来测量。

代换二极管时，并不需要每个参数都与原来的完全相同或优胜，只要某些重要参数与原来的相同或优胜即可代换。如检波二极管代换时，重点注意它的截止频率和导通压降即可，而普通整流二极管则要重点注意它的最高反压及最大正向工作电流，开关管则要重点注意它的导通时间和压降，反向恢复时间。该方法一是用于其他元件的代换，如电阻、电容、三极管等。

(2)稳压管。稳压管是利用其反向击穿时两端电压基本不变的特性来工作，所以稳压管在电路中是反偏工作的，其极性强弱和运行情况的判断与普通二极管所使用的方法一样（注：不要使用 R×10kΩ 档）。

稳压管稳压值用如图 1-18 所示的方法来测量，既可用直流调压器做电源，也可以使用万用表内高压电池做电源，如 22.5V 层叠电池。但测量最高稳压值应小于该电池电压，若要测量更高稳压值时，则需要再串联 1~2 个同样的电池，此时万用表电压档显示的读数就是稳压管的稳压值。

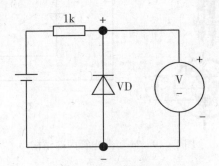

图 1-18 测量稳压管稳压值

要使万用表电阻档最高，常使用高压层叠电池，如 6V、9V、15V、22.5V。当用最高档测量稳压管反向电阻时，若表内层叠电池电压高于稳压管稳压值，以及其反向电阻这边的较小，则此时稳压管已被击穿。可以利用万用表这一特性来区分普通二极管与稳压管，但若稳压值高于层叠电池电压，就不能用这种方法来判别，只能直接测量其稳压值，如无稳压值，则可能是一般二极管。

(3)发光二极管。

1)普通发光二极管。有些万用表用 R×1Ω 档测量发光二极管正向电阻时，发光二极管会被点亮，利用这一特性可以判断发光二极管的好坏，也可以判断其极性。点亮时，黑表笔所接触的引脚为发光二极管正极，如 R×1Ω 档不能使发光二极管点亮，则只能使用 R×10kΩ 档正、反向测其阻值，看其是否具有二极管特性，才能判断其好坏。

2)激光二极管。激光二极管是激光影音设备中不可缺少的重要元件，它是由铝砷化镓材料制成的半导体，简称 LD。为了易于控制激光管功率，其内部还设置一只感光二极管 PD，如图 1-19 所示的是 M 型激光管内部结构。激光管顶部为斜面的常用于 CD 唱机，顶部为平面的常用于视盘机，LD 的正向电阻较 PD 大（测量时宜用 R×100Ω 或 R×1kΩ 档）。利用这一特性可以很容易地识别其三只引脚的作用（注意做好防静电措施才可测量）。

(4)光电二极管又称光敏二极管。当光照射到光电二极管时，其反向电流大大增加，使其反向电阻减少。在测量光电二极管好坏时，首先要用万用表 R×1kΩ 档判断出正负极，然后所测其反向电阻。无光照射时，一般阻值都大于 200kΩ。受光照射时，其阻值会大大减少，若变化不大，这说明被测管已损坏或不是光电二极管。该方法也可用于检测红外线接收管的好坏，照射光改用遥控器的红外线，当按下遥控键时，红外线接收管反向电阻会变小且指针在振动,则说明该管是反的,反过来也可以用于检测红外线遥控器的好坏。

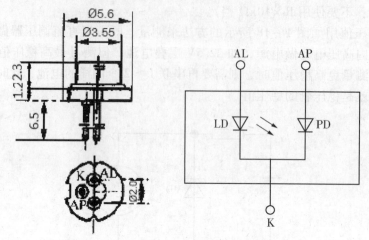

图 1-19 M 型激光管内部结构

1.1.4.3 三极管

1. 常见三极管及其电路符号、引脚排列(见图 1-20)
2. 三极管的管型和电极判别

(1) 三极管的引脚常规排列。三极管引脚排列并没有具体的规定,各生产厂家都有自己的引脚排列规则,如图 1-20 所示。

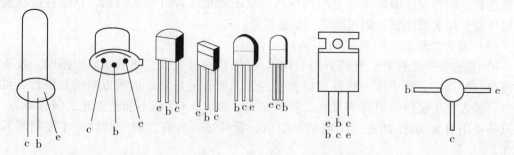

(a) 国产普通三极管　　(b) 塑封小功率三极管 (c) 中功率三极管 (d) 高频小功率三极管

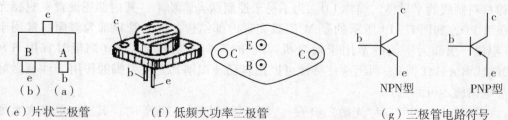

(e) 片状三极管　　　　(f) 低频大功率三极管　　　　(g) 三极管电路符号

图 1-20 常见三极管及其电路符号、引脚排列

(2) 用万用表判断三极管管型和电极。

1) 首先找出基极(b 极)。使用万用表 R×100Ω 或 R×1kΩ 电阻档随意测量三极

管的两极，直到指针摆动较大为止。然后固定黑（红）表笔，把红（黑）表笔移至另一引脚上，若指针同样摆动，则说明被测管为 NPN（PNP）型，且黑（红）表闭所接触引脚为 b 极。

2）c 极和 e 极判别。根据上面的测量已确定了 b 极，且为 NPN（PNP）型，再使用万用表 R×1kΩ 档进行测量。假设一极为 c 极接黑（红）表笔，另一极为 e 极接红（黑）表笔，用手指捏住假设 c 极和 b 极（注意 c 极和 b 极不能相碰），读出其阻值 R_1，然后再假设另一极为 c 极，重复上述操作（注意捏住 b、e 极的力度两次都要相同），读出阻值 R_2。比较 R_1、R_2 的大小，以小的一极为假设正确，黑（红）表笔对 c 极。

（3）三极管质量判别。三极管质量判别可通过检测以下三点来判断，只要有一点不能达到要求，三极管就是坏管。

首先判断 be、bc 两只二极管的好坏，可参考普通二极管好坏判别方法（注意要用万用表 R×100Ω 或 R×1kΩ 档测量）。

测量 ce 漏电电阻，对于 NPN（PNP）型三极管黑（红）表笔接 c 极，红（黑）表笔接 e 极，b 极悬空，R_{ce} 阻值越大越好。一般对锗管的要求较低，在低压电路上大于 50kΩ 即可使用，但对于硅管来说要大于 500kΩ 才可使用，通常测量硅管 R_{ce} 阻值时，万用表指针都指向无穷大。

还要检测三极管有没有放大能力。判断 c 极时，观察万用表指针在捏住 c、b 极前后的变化，即可知道该管有没有放大能力。指针变化大说明该管 β 值较高，若指针变化不大则说明该管 β 值较小。一般三极管 β 值为 50～150 时最佳。β 值也可以用万用表当来测量。

判断三极管好坏时必须先检测出 b、e、c 极，若用三极管极性判别方法都判别不出 b、e、c 极，则说明该管有可能已损坏，或是其他的晶体管。

（4）二极管、三极管在底板上好坏的粗略判别。

二极管是非线性元件，用万用表 R×1Ω 或 R×10Ω 档在底板上测量其正反向电阻，仍能观察出它的单向导电性，也减少与之并联的其他元件的影响。测量其正向导电性时指针常向右偏且超过中点刻度，测量其反向电阻时指针指向接近无穷大。若正反向电阻相差不大，则应拆下再测量。对于三极管除了测量 be、ce 二极管的好坏外，还要测量 R_{ce} 阻值。在底板上测量 R_{ce} 阻值一般都较大，如发现在几百欧姆以下，则应拆下再测量。用这个方法在底板上测量二极管、三极管是否被击穿是很容易的，但二极管、三极管漏电却较难在底板上判断出来。

1.1.4.4 场效应管

1. 场效应管种类与符号（见图 1-21）

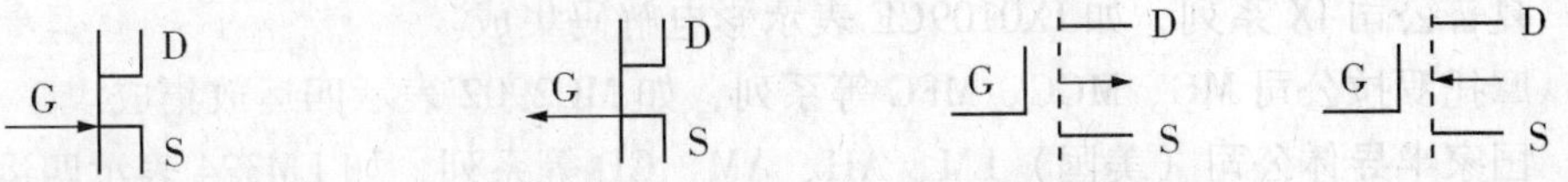

(a) N 沟槽结型场效应管　(b) P 沟槽结型场效应管　(c) NMOS 管　(d) PCOM 管

图 1-21　场效应管种类与电路符号

2. 结型场效应管类型和电极及好坏判别

用万用表测量其任意两极，当发现指针偏转较大时，把黑（红）表笔固定，红（黑）表笔接到另一引脚上，若指针同样偏转，则黑（红）表笔对 G 极且为 N（P）沟道结型场效应管，其余的 D、S 极可互换使用，不用判别。

判别结型场效应管的好坏时，首先要判别 GS 和 GD 两二极管的好坏，然后再测量 D、S 两极的电阻，阻值一般都在几千欧内，如发现阻值过大或过小（只有几百欧以下）则都是坏管，必要时还要测量场效应管的跨导。对于绝缘栅型场效应管而言，因其易被感应电荷击穿，所以不便于测量。

1.1.4.5 集成电路

集成电路简称 IC，就是在一块极小块极小硅单晶片上接入很多二极管、三极管以及电阻电容等，并能完成特定功能的电子器件。随着科技发展，集成电路集成度越来越高，功能也越来越多，根据功能集成电路可分为两大类：模拟集成电路和数字集成电路。

1. 集成电路引脚顺序识别（见图 1-22）

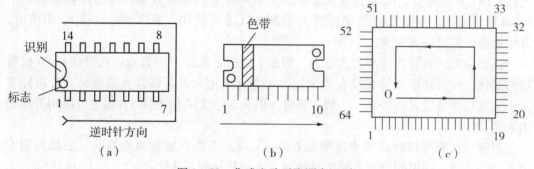

图 1-22 集成电路引脚顺序识别

2. 常见集成电路型号识别

（1）国内常见集成系列有 CT、CC、CF、CD、CW 等。如 CF741 表示通用型集成运放。

（2）国外常见集成系列有：

松下公司 AN 系列，如 AN5601 表示彩电色解集成。

东芝公司 TA、TC、TD、TM 等系列，如 TA7680 表示彩电中放。

日本电气公司有 μpA、μpB、μpC、μpD 等系列，如 μpC1213C 表示音频功放。

日立公司有 HA、HD、HM、HN 等系列，如 HA1397 表示音频功放。

三洋公司有 LA、LB、LC、STK 等系列，如 LA7680 表示彩电单片集成。

索尼公司 CXA、CXD 等系列，如 CXA1191A 表示单片 AM/FM 集成。

夏普公司 IX 系列，如 IX0109CE 表示彩电解码集成。

摩托罗拉公司 MC、MCC、MFC 等系列，如 MC2902 表示四运放集成。

国家半导体公司（美国）LM、AH、AM、CD 等，如 LM324 表示四运放集成。

南韩产 KA 系列，如 KA2401 表示电话振铃集成。

欧联盟 TDA 系列（常见飞利浦公司产品），如 TDA2030A 表示音频功放。

德克萨斯仪器公司的 TTL54/74 系列，如 74LS10J 表示低功耗非门集成。

3. 集成电路判别方法

（1）电阻法。电阻法测量有两种：①通过测量单块集成电路各引脚对地正反向电阻，与参考资料或令一块好的集成电路进行比较，从而作出判断（注意：必须使用同一万用表和同一档次测量，结果才准确）。②在没有对比资料情况下只能使用间接电阻法测量，即在印制电路板上通过测量集成电路引脚外围元件好坏（电阻、电容、晶体管，在印制电路板上测量的方法上面已有讲述）来判断，若外围元件没有损坏，则集成电路有可能已损坏。

（2）电压法。测量集成电路引脚对地的动、静态电压，与线路图或其他资料所提供的参考电压进行比较，若发现某些引脚电压有较大差别，通过检查其外围元件有没有损坏，则可以判断集成电路是否已损坏。

（3）波型法。测量集成电路各引脚波形是否与原设计相符，如发现有较大区别，通过检查其外围元件有没有损坏，则可以判断集成电路是否已损坏。

（4）替换法。用相同型号集成电路替换试验，若电路恢复正常，则集成电路已损坏。

4. 集成电路替换方法

（1）用型号完全相同的集成电路进行替换。

（2）用具有相同功能的集成电路代用。具有相同功能且后面数字又相同的集成电路一般可互换。例如，TA7240国产仿制品有CD7240，又如NE555、HA555、LM555等都是可以互换的，虽然有些集成电路后面数字相同，但它们功能却截然不同，因此这些集成电路是不可互换的，如TA7680为彩电中放集成电路，而LA7680是彩电单片集成。

（3）同一个厂家针对同一功能在不同时期所生产的改进型产品可作单向性替换，即可用改进型集成电路代替旧型号集成电路。例如TD2030A可代替TAD2030，又如日立公司伴音中放集成电路HA1124、HA1125、HA1184等，都可作单方向性替换。

1.2 印制电路板

印制电路板又称印制线路板或印刷线路板。它是只在绝缘基板上，有选择地加工和制造出导电图形的组装板。印制电路板材料选用的是覆铜板（又称覆铜板），即在绝缘基板上辅以金属铜箔。

1.2.1 印制电路板的特点

印制电路板的主要特点包括：①设计上可以标准化，利于互换；②布线密度高、体积小、重量轻，利于电子设备的小型化；③图形具有重复性和一致性，减少了布线和装配的差错，利于机械化和自动化生产，降低了成本。由于印制电路板具有上述优点，所以在无线电技术中得到了广泛的应用。

1.2.2 印制电路板的分类

印制电路板的种类很多，按其结构不同可分为单面印制板、双面印制板、多层印制板和软印制板。按绝缘材料不同可分为纸基板、玻璃布基板和合成纤维板。按粘结剂树脂不同又分为酚醛、环氧、聚酯和聚四氟乙烯等。按用途分，有通用型和特殊型。

纸基板价格低廉，但性能较差，可用于低频和要求不高的场合。玻璃布基板和合成纤维板性能较好，但价格较高，常用于高频和高档电子产品中。当频率高于数百兆时，则必须用聚四氟乙烯等介电常数和介电损耗更小的材料做基板。

（1）聚苯乙烯覆铜板。是用粘结剂将聚苯乙烯和铜箔粘结而成的覆铜板。主要用于高频印制线路拌合印制元件，如微波电路中的定向耦合器等。

（2）聚四氟乙烯覆铜板。是以聚四氟乙烯板为基板，敷以铜箔经热压而成的一种覆铜板，主要用于高频和超高频线路中作印制板用。

（3）软性聚酯敷铜薄膜。是用聚酯薄膜与铜热压而成的带装材料，主要用作柔性印制电路和印制电缆，可作为接插件的过渡线。为了充分利用空间，在应用中将它卷曲成螺旋形放在设备内部。为了加固或防潮，常以环氧树脂将它灌注成一个整体。

（4）多层印制电路板。多层印制电路板是指在单块印制电路板厚度差不多的板上，叠合三层以上的印制线路系统。它是有较薄的几块单面印制电路板叠合而成，只是在制造工艺上与单块印制电路板有所不同而已。

这几种覆铜板所用铜箔厚度为（0.005～0.05mm），层压板（基板）厚度有1.0mm、1.5mm、2.3mm等三种。

1.2.3 对印制导线的要求

一般情况下，印制导线的宽度为1～2mm，某些流经大电流的部位，线宽可适当增加。印制导线之间的距离一般不小于1mm，某些线间电压较高的部位，间距可适当加宽。由于线路板的铜箔黏贴强度有限，浸焊受热时间过长，铜箔会翘起和剥落，因此对印制导线的形状和印制接点的形状有一定要求。所有印制导线的边缘应光滑，不应有直角弯曲或尖角，如图1-23a所示。尽量不要采用导线的直接分支，若实在需要导线分支时，分支处应圆滑，如图1-23b所示，以免导线本身与粘贴层产生附加应力，而容易是铜箔翘起或破裂。印制接点即焊盘一般去圆环形，圆环的外径应略大于与其相交的印制导线的宽度，通常取2～3mm。为了增加接点的牢固，可在单个节点或连接较短的两个接点上加一条辅助加固线。如图1-23c所示。

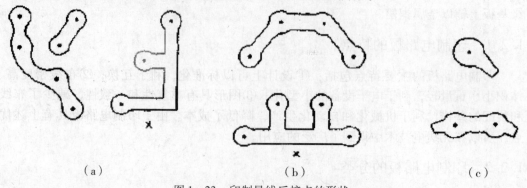

（a） （b） （c）

图1-23 印制导线反接点的形状

1.2.4 电路中各种元器件的安排

设计印制电路板不是简单地将元器件用印制导线连接就行了，而是要考虑电路的特点和要求。如高频电路对低频电路的影响、各元器件之间是否产生有害的干扰、热传导方面的影响，以及由布线不正确带来的分布参数影响。为此在设计印制电路板是要充分考虑下面 8 个方面：

（1）收音机总的输入、输出变压器要垂直放置，磁性天线要远离扬声器，就是说容易引起相互干扰的元器件要尽量远离。

（2）高频部分的布线应尽可能地短而直，以防自激。

（3）要考虑发热器件的散热，以及热量对周围元器件的影响。对于大功率管要考虑预留预热板的安装位置。

（4）对于怕热元器件要尽可能地远离发热源。

（5）对于比较重的元器件，如电源变压器，应尽可能地靠近印制电路板固定端的边缘位置，以防止印制板的变形。

（6）应搞清楚所用元器件的外形尺寸和引线方式，并确定元器件在印制电路板上的装配方式（立式、卧式、混合式）。

（7）各元器件之间的印制导线不能交叉。如果无法避免，可采用在印制电路板另一面跨接引线的方法。

（8）印制电路板上元器件布置要均匀，密度要一致，并要做到横平竖直，不允许将元器件歪斜或交叉重叠排列。

1.2.5 印制电路板的简易制作

1. 覆铜板的表面处理

由于加工、存储等原因，在覆铜板的表面会形成一层氧化层，氧化层将影响底图的复印，为此在复印底图前应将覆铜板清洗干净。具体方法是：①用水砂纸沾水打磨；②用去污粉刷洗，直至将板面刷亮为止；③然后用水冲洗；④用布刷净后即可使用。这里切忌用粗砂纸打磨，否则会使铜箔变薄，且表面不光滑，影响描绘底图。

2. 复印电路图

把已经绘制完毕的印制电路版图，用复写纸复印在敷铜板的铜箔面上。复印时最好把复印纸、印制电路板图用胶布固定在覆铜板上。印制完毕后，要认真复查是否有错误和漏掉的线条，复查后再把印制电路板图复写纸取下。

3. 描图

仔细检查复印后的印制电路板图，无误后用小冲头对准钻孔的部位冲上一个一个的小凹痕，便于以后打孔时不至于偏移位置，随后便可对复印痕迹描上防腐蚀剂。防腐蚀剂种类很多，一般业余制作可采用喷漆或漆片溶液等。这些防腐蚀剂的特点是干得快，图扫完后稍等片刻就能进行腐蚀处理，但它们的漆层较薄，在腐蚀工序中，稍有疏忽就容易碰掉漆层。漆片溶液可以自己配制，将 1 份漆片溶于 3 份工业酒精中，完全溶解后再加入少量的甲基橙或甲基紫作为色剂，便可使用了。描图用的笔，可用小号毛笔,也可用鸭嘴笔,另外还可将描图液灌在废旧的注射器中进行描制,这种方法既灵活又方便,特别适宜描制较细的线条。实际使用时,注射器针尖的斜口部分要先用钢丝钳剪去,再用锉刀挫光滑即可。描完后的印制电路板应平放,让描图液自然干透,同时检查线条是否有麻点、缺口或断线,如果有,应及时填补、修复。再用快口尖刀将线条图形整理一下,使线条光滑,焊盘圆滑。

4. 去除废铜箔

铜箔上所需的线路已被防腐蚀剂涂上,剩下的铜箔必须去除。去除方法常用化学腐蚀法和刀刻法。

(1) 化学腐蚀法:三氧化铁是腐蚀印制电路板最常用的化学药品,溶液浓度一般取35%左右,即用1份三氧化铁加2份水配制而成。配制时,在溶液里先放三氧化铁后放水,并不断搅拌。(盛放腐蚀液的容器须用塑料或搪瓷等材料制品,不能使用铜、铁、铝等金属制品,因为三氧化铁会与这些金属发生化学反应。)接着将要腐蚀的印制电路板浸没在溶液之中,溶液量控制在铜箔面完全被浸没为限,因为太少不能很好地腐蚀印制电路板,而太多又易造成浪费。为了加快腐蚀速度,在腐蚀过程中,要不断晃动容器,或用毛笔在印制电路板上来回地刷洗。如嫌速度还太慢,也可适当加大三氧化铁的浓度,或提高溶液的温度,但溶液浓度不宜超过50%,温度不要超过60℃,否则溶液太浓会使铜箔板上需要保存的铜箔从侧面被三氧化铁腐蚀,而温度太高会使漆层隆起脱落。

(2) 刀刻法:利用锋利的小刀将铜箔板上不要的铜箔刻去,这样可以省去描漆、腐蚀、清洗等工序。但刻制电路时需要小心,否则容易损坏底层的绝缘板和需要保留的线路铜箔。这种方法一般只适用于制作线条或电路比较简单的印制电路板。

5. 清水冲洗

当废铜箔被腐蚀完后,应立刻将印制电路板取出,用清水冲洗干净,保证没有残存的三氯化铁,否则残存的腐蚀液会使铜箔导线的边缘出现黄色的痕迹。

6. 擦去防腐蚀层

印制电路板制作时描在铜箔上的防腐蚀层,经过腐蚀工序后依然留在印制电路板上,所以应当刷掉。如果是喷漆,可用棉花蘸香蕉水或丙酮刷洗;如果是漆片溶液,可采用酒精刷洗;如果缺少这些溶液,也可用细砂纸(最好是水磨砂纸)轻轻磨去覆盖的漆层。

7. 钻孔

按描图前所冲的凹痕钻孔,孔径应根据引脚粗细而定。如普通电阻、电容、晶体管的安装孔一般取1～1.3mm,固定螺钉孔径取3mm等。钻孔时,为了转出的孔眼光洁、无毛刺,除了要选用锋利的转头外,当用孔径为2mm以下时,最好采用高速(4000转/min以上)电钻来钻孔。如果转速过低,钻出来的孔眼就会有严重的毛刺。对于直径为3mm以上的,转速可略低一些。

8. 涂保护层

腐蚀后留下的印制导线的铜箔表面,还需涂上一层保护层。涂保护层的目的,一是防止导线铜箔日久受潮腐蚀,另外便于在铜箔上焊接,保证良好的导电性能。常用的保护层有松香涂层和镀银层。无论涂何种保护层，印制电路板上的铜箔都必须先作清洁处理，处理方法与前述第一步相同，清洁后晾干，即可涂上保护层。

（1）涂松香层：先配制香酒精溶液，将2份松香研碎后放入一份纯酒精中（浓度在90%以上），盖紧盖子搁置一天，待松香成溶液状后方可使用。用毛刷或排笔蘸上溶液均匀涂刷在印制电路板上，待溶液中的酒精自然挥发后，印制电路板上就会留下一层黄色透明的松香保护层。

（2）镀银层：在盘中倒入硝酸银溶液，印制电路板浸没在溶液中，10min后即可在导线箔表面均匀地留下银层。用清水冲洗晾干后就可以使用了。

1.3 焊接工艺

1.3.1 线路板焊接基本知识

1.3.1.1 焊接概述

电子产品的功能取决于电子元器件正确的相互连接，这些元器件的相互连接大都依据线路板焊接。线路板焊接在电子产品的装配中，一直起着重要的作用。即使现在有许多连接技术，但线路板焊接仍然保持着主导地位。

线路板焊接是电子技术的重要组成部分。正确的焊点设计和良好的加工工艺（即线路板焊接工艺），是获得可靠焊接的关键因素。所谓"可靠"是指焊点不仅在产品刚生产出来时具有所要求的一切性质，而且在电子产品的整个使用寿命中，都应保证工作无误。

尽管所有焊接过程的物理—化学原理是相同的，但电子电路的焊接又具有它自身的特点，即高可靠与微型化，这是与电子产品的特点相一致的。线路板焊接质量的优劣是受多方面因素影响的。例如，基金属材料的种类及其表层、镀层的种类和厚度、加工工艺和方式、焊接前的表面状态、焊接成分，焊接方式、焊接温度和时间、被焊接基金属的间隙大小、助焊剂种类与性能、焊接工具等等。不仅被焊元器件引线表面的氧化物及引线内部结构的金属间化合物状况是影响引线可焊性的重要原因，而且印制板表面的氧化物也是影响焊盘可焊性的主要原因。

随着电子元器件的封装更新换代加快，包括由原来的直插式改为了平贴式，连接排线也被FPC软板进行替代，元器件电阻电容向0201平贴式发展，BGA封装后使用了蓝牙技术，这无一例外地说明了电子发展已朝向小型化、微型化发展，手工焊接难度也随之增加，在焊接当中稍有不慎就会损伤元器件，或引起焊接不良，所以手工焊接人员必须对焊接原理、焊接过程、焊接方法、焊接质量的评定有一定的了解。

焊接通常分为熔焊、钎焊及接触焊接三大类，在电子装配中主要使用的是钎焊。钎焊就是在已加热的工件金属之间，溶入低于工件金属熔点的焊料，借助焊剂的作用，依靠毛细现象，使焊料浸润工件金属表面，并发生化学变化，生成合金层，从而使工件金属与焊料结合为一体。钎焊按照使用焊料的熔点的不同分为硬焊（焊料熔点高于450℃）和软焊（焊料熔点低于450℃）。

采用锡铅焊料进行焊接称为锡铅焊，简称锡焊，它是软焊的一种。除了含有大量锗和铝等合金的金属不易焊接外，其他金属一般都可以采用锡焊焊接。锡焊方法简单，整修焊点、拆换元器件、重新焊接都比较容易，所用工具简单（电烙铁）。此外，还具有成本低，易实现自动化等优点。在电子装配中，它是使用最早，适用范围最广和当前仍占较大比重的一种焊接方法。

随着电子工业的快速发展，焊接工艺有了新的发展。在锡焊方面，大中型电子企业已普遍使用应用机械设备的浸焊和实现自动化焊接的波峰焊，这不仅降低了工人的劳动强度，也提高了生产效率，保证了产品的质量。同时无锡焊接在电子工业中也得到了较多的应用，如熔焊、绕接焊、压接焊。

1.3.1.2 焊接原理

锡焊是一门科学，他的原理是通过加热的烙铁将固态焊锡丝加热熔化，再借助于助焊剂的作用，使其流入被焊金属之间，待冷却后形成牢固可靠的焊接点。

采用锡铅焊料进行焊接的称为锡铅焊，简称锡焊，其机理是：在锡焊的过程中将焊料、焊件与铜箔在焊接热的作用下，焊件与铜箔不熔化，焊料熔化并湿润焊接面，依靠焊件、铜箔两者间原子分子的移动，从而引起金属之间的扩散形成在铜箔与焊件之间的金属合金层，并使铜箔与焊件连接在一起，就得到牢固可靠的焊接点，以上过程为相互间的物理—化学作用过程。

1. 润湿

润湿过程是指已经熔化了的焊料借助毛细管力沿着母材金属表面细微的凹凸和结晶的间隙向四周漫流，从而在被焊母材表面形成附着层，使焊料与母材金属的原子相互接近，达到原子引力起作用的距离。

引起润湿的环境条件：被焊母材的表面必须是清洁的，不能有氧化物或污染物。

形象比喻：把水滴到荷花叶上形成水珠，就是水不能润湿荷花。把水滴到棉花上，水就渗透到棉花里面去了，就是水能润湿棉花。

2. 扩散

焊料逐渐润湿，并与母材金属原子间的相互扩散现象开始发生。通常原子在晶格点阵中处于热振动状态，一旦温度升高。原子活动加剧，使熔化的焊料与母材中的原子相互越过接触面进入对方的晶格点阵，原子的移动速度与数量决定于加热的温度与时间。

3. 冶金结合

由于焊料与母材相互扩散，在 2 种金属之间形成了一个中间层——金属化合物，要获得良好的焊点，被焊母材与焊料之间必须形成金属化合物，从而使母材达到牢固的冶金结合状态。

1.3.1.3 线路板焊接特点

（1）焊料熔点低于焊件。

（2）焊接时将焊料与焊件共同加热到焊接温度，焊料熔化而焊件不熔化。

（3）焊接的形成依靠熔化状态的焊料浸润焊接面，从而产生冶金、化学反应形成结合层，实现焊件的结合。

（4）铅锡焊料熔点低于200℃，适合半导体等电子材料的连接。

（5）只需简单的加热工具和材料即可加工，投资少。焊点有足够强度和电气性能。锡焊过程可逆，易于拆焊。

1.3.1.4 线路板锡接条件

1. 焊件具有可焊性

锡焊的质量主要取决于焊料润湿焊件表面的能力，即两种金属材料的可润性，或称可焊性。如果焊件的可焊性差，就不可能焊出合格的焊点。可焊性是指焊件与焊锡在适当的温度和焊剂的作用下，形成良好结合的性能。不是所有的材料都可以用锡焊实现连接的，只有部分金属有较好可焊性，一般铜及其合金、金、银、锌、镍等具有较好可焊性，而铝、不锈钢、铸铁等可焊性很差，一般需要特殊焊剂及方法才能锡焊。

2. 焊件表面应清洁

为了使焊锡和焊件达到良好的结合，焊件表面一定要保持清洁。即使是可焊性良好的焊件，如果焊件表面存在氧化层、灰尘和油污。在焊接前务必清除干净，否则影响焊件周围合金层的形成，从而无法保证焊接质量。

3. 合适助焊剂

助焊剂的种类很多，其效果也不一样，使用时应根据不同的焊接工艺、焊件的材料来选择不同的助焊剂。助焊剂用量过多，助焊剂残余的副作用也会随之增加。助焊剂用量太少，助焊作用则较差。焊接电子产品使用的助焊剂通常采用松香助焊剂。松香助焊剂具有无腐蚀、去除氧化、增强焊锡的流动性、有助于湿润焊面，使焊点光亮美观等优点。

4. 合适焊接温度

热能是进行焊接不可缺少的条件。在锡焊时，热能的作用是使焊锡向元件扩散并使焊件温度上升到合适的焊接温度，以便与焊锡生成金属合金。

5. 合适的焊接时间

焊接时间，是指在焊接过程中，进行物理和化学变化所需要的时间。它包括焊件达到焊接温度时间，焊锡的熔化时间，焊剂发挥作用及形成金属合金的时间等。线路板焊接时间要适当，过长易损坏焊接部位及器件，过短则达不到要求。

1.3.1.5 助焊剂要求

助焊剂（Flux）来自拉丁文是"流动"（Flow in Soldering）。助焊剂是进行锡铅焊时必需的辅助材料，是焊接时添加在焊点上的化学物，参与焊接的整个过程。助焊剂主要要求包括化学活性、热稳定性、助焊剂在不同温度下的活性。

1. 化学活性（Chemical Activity）

要达到一个好的焊点，被焊物必须要有一个完全无氧化层的表面，但金属一旦曝露于空气中回生成氧化层，这种氧化层无法用传统溶剂清洗，此时必须依赖助焊剂与氧化层起化学作用，当助焊剂清除氧化层之后，干净的被焊物表面才可与焊锡结合。

助焊剂与氧化物的化学反应有3种：

（1）相互化学作用形成第三种物质；

（2）氧化物直接被助焊剂剥离；

(3) 上述两种反应并存。

松香助焊剂去除氧化层，即是第一种反应，松香主要成分为松香酸（Abietic Acid）和异构双萜酸（Isomeric diterpene acids），当助焊剂加热后与氧化铜反应，形成铜松香（Copper abiet），是呈绿色透明状物质，易溶入未反应的松香内与松香一起被清除，即使有残留，也不会腐蚀金属表面。

氧化物曝露在氢气中的反应，即典型的第二种反应，在高温下氢与氧发生反应成水，减少氧化物，这种方式常用在半导体零件的焊接上。

几乎所有的有机酸或无机酸都有能力去除氧化物，但大部分都不能用来焊锡，助焊剂被使用除了去除氧化物的功能外，还有其他功能，这些功能是焊锡作业时必须考虑的。

2. 热稳定性（Thermal Stability）

当助焊剂在去除氧化物反应的同时，必须还要形成一个保护膜，防止被焊物表面再度氧化，直到接触焊锡为止。所以助焊剂必须能承受高温，在焊锡作业的温度下不会分解或蒸发，如果分解则会形成溶剂不溶物，难以用溶剂清洗，W/W级的纯松香在280℃左右时会分解，应特别注意。

3. 助焊剂在不同温度下的活性

好的助焊剂不只是要求热稳定性，在不同温度下的活性亦应考虑。助焊剂的功能即是去除氧化物，通常在某一温度下效果较佳，例如 RA 的助焊剂，除非温度达到某一程度，氯离子不会解析出来清理氧化物，当然此温度必须在焊锡作业的温度范围内。

当温度过高时，亦可能降低其活性，如松香在超过 600 °F（315℃）时，几乎无任何反应，也可以利用此一特性，将助焊剂活性纯化以防止腐蚀现象，但在应用上要特别注意受热时间与温度，以确保活性纯化。

1.3.1.6 助焊剂的作用

（1）除去氧化物。为了使焊料与工件表面的原子能充分接近，必须将妨碍两金属原子接近的氧化物和污染物去除，助焊剂正具有溶解这些氧化物、氢氧化物或使其剥离的功能。

（2）防止工件和焊料加热时氧化。焊接时，助焊剂先于焊料之前熔化，在焊料和工件的表面形成一层薄膜，使之与外界空气隔绝，起到在加热工程中防止工件氧化的作用。

（3）降低焊料表面的张力。使用助焊剂可以减少熔化后焊料的表面张力，增加其流动性，有利于浸润。

1.3.1.7 常用助焊剂介绍

助焊剂一般分为有机、无机和树脂三大类。电子装配中常用的是树脂类助焊剂。松香类助焊剂是树脂类助焊剂中的一种，如松香酒精助焊剂，在常温下，松香是固态物质，可直接在焊接中使用，起助焊作用。但烙铁头吸附固体松香时，容易挥发，沾到焊点上的数量较少，不能充分发挥作用。使用时，常将松香溶于酒精中，重量比例为3∶1，并添加适量活性剂，制成松香酒精助焊剂。

松香类助焊剂的用法有预涂覆和后涂覆两种。预涂覆多用于印制电路板焊接，既可防止印制电路板表面氧化,又利于印制电路板的保存。后涂敷指在焊接过程中添加助焊剂,与焊料同时使用,也可制成管状焊锡丝。

1.3.1.8 阻焊剂

阻焊剂是一种耐高温的涂料,可将不需要焊接的部分保护起来,致使焊接只在所需要的部位进行,以防止焊接过程中的桥接、短路等现象发生,对高密度印制电路板尤为重要。可降低返修率,节约焊料,使焊接时印制电路板受到的热冲击小,板面不易起泡和分层。我们常用的印制电路板上的绿色涂层即为阻焊剂。

阻焊剂的种类有热固化型阻焊剂、紫外线光固化型阻焊剂(又称光敏阻焊剂)和电子辐射固化型阻焊剂等几种,目前常用的是紫外线光固化型阻焊剂。

1.3.1.9 焊锡丝的组成与结构

常用的锡铅焊料为管状焊锡丝。在手工焊接时,常将焊锡制成管状,中空部分注入有等级松香和少量活化剂组成的助焊剂,这种焊锡称为焊锡丝。常用的有铅SnPb(Sn63%,Pb37%)的焊锡丝和无铅SAC(96.5%SN,3.0%AG,0.5%CU)的焊锡丝。有时在焊锡丝中还添加1%~2%的梯,可适当增加焊料的机械强度。

焊锡丝的直径有0.5mm、0.8mm、0.9mm、1.0mm、1.2mm、1.5mm、2.0mm、2.5mm、3.0mm、4.0mm、5.0mm等多种规格。当然就有铅锡丝来说,根据SnPb的成分比率不同有更多种成分,其主要用途也不同,如下表1-11。

表1-11 常见焊锡的特性及用途

名称	牌号	主要成分(%)			熔点/℃	杂质	电阻率/$\Omega \cdot m$	抗拉强度	主要用途
		锡	梯	铅					
10锡铅焊料	HISnPb10	89~91	<0.15	余	220	铜、铋、砷		4.3	用于钎焊食品器皿及医药卫生物品
39锡铅焊料	HISnPb39	59~61	<0.8	量	183	铁、硫、锌、铝	0.145	4.7	用于钎焊无线电元器件等
58-2锡铅焊料	HISnPb58-2	39~41	1.5~2		235		0.170	3.8	用于钎焊无线电元器件、导线、钢皮镀锌件等
68-2锡铅焊料	HISnPb68-2	29~31	1.5~2		256		0.182	3.3	用于钎焊电缆金属护套、铝管等
90-6锡铅焊料	HISnPb90-6	3~4	5~6		256			5.9	用于钎焊黄铜和铜

同样单从SC和SAC成分来看目前主流的无铅锡丝成分也有多种。

1.3.2 电烙铁的基本结构

(1) 电烙铁由手柄、发热丝、烙铁头、电源线、恒温控制器、烙铁头清洗架组成。

(2) 电烙铁的作用:用来焊接电子原件、五金线材及其他一些金属物体的工具。

(3) 电烙铁是手工焊接的基本工具,是根据电流通过发热元件产生热量的原理而制成的。常用的电烙铁有外热式、内热式、恒温式、吸锡式等几种。另外还有半自动送料电烙铁、超声波烙铁、充电烙铁等。下面介绍几种常用的电烙铁的构造及特点。

1. 外热式电烙铁

外热式电烙铁外形如图1-24所示,由烙铁头、烙铁心、外壳、电源线和插头等各部分组成。电阻丝绕在薄云母片绝缘的圆筒上,组成烙铁芯。烙铁头装在烙铁芯里面,电阻丝通电后产生的热量传送到烙铁头上,使烙铁头温度升高,故称为外热式电烙铁。

外热式电烙铁结构简单,价格较低,使用寿命长,但其体积较大,升温较慢,热效率低。

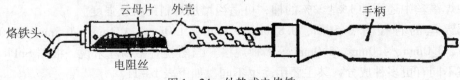

图1-24 外热式电烙铁

2. 内热式电烙铁

内热式电烙铁的外形如图1-25所示。由于烙铁芯装在烙铁头里面,故称为内热式电烙铁。内热式电烙铁的烙铁芯是采用极细的镍铬电阻丝绕在瓷管上制成的,外面再套上耐热绝缘瓷管。烙铁头的一端是空心的,它套在芯子外面,用弹簧夹紧固。由于烙铁芯装在烙铁头内部,热量完全传到烙铁头上,升温快,热效率高达83%~90%,烙铁头部温度可达350℃左右。20W内热式电烙铁的使用功率相当于25~40W的外热式电烙铁。内热式电烙铁具有体积小、重量轻、升温快和热效率高等优点,因而在电子装配工艺上得到了广泛的应用。

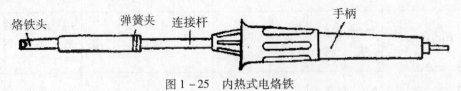

图1-25 内热式电烙铁

3. 恒温式电烙铁

目前使用的外热式和内热式电烙铁的温度一般都超过300℃,这对焊接晶体管,集成电路等是不利的。在质量要求较高的场合,通常需要恒温电烙铁。

恒温电烙铁有电控和磁控两种。电控是用热电偶作为传感元件来检测和控制烙铁头的温度。当烙铁头温度低于规定值时,温控装置内的电子电路控制半导体开关元件或继电器接通电源,给电烙铁供电,使电烙铁温度上升。温度一旦达到预定值,温控装置自动切断电源。如此反复动作,使烙铁头基本保持恒温。由于恒温电烙铁的价格较贵，因此目前较普遍使用的是磁控恒温电烙铁。

磁控恒温电烙铁是借助于软磁金属材料在达到某一温度（居里点）时会失去磁性这一特点，制成磁性开关来达到控温的目的，其结构如图 1-26 所示，其外型如图 1-27 所示。

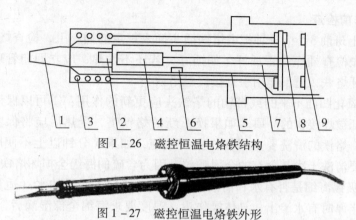

图 1-26　磁控恒温电烙铁结构

图 1-27　磁控恒温电烙铁外形

图 1-26 中，在烙铁头 1 的右端镶有一块软磁金属 2，烙铁头放在加热器 3 的中间，非磁性金属圆管 5 底部装有一块永久磁铁 4，再用小轴 7 与接触簧片 9 连起来而构成磁性开关，电源未接通时，永久磁铁 4 被软磁金属吸引，小轴 7 带动接触簧片 9 与接点 8 闭合。

当烙铁接通电源后，加热器使烙铁头升温，当达到预定温度时（达到软磁金属的居里点），软磁金属失去磁性，永久磁铁 4 在支架 6 的吸引下离开软磁金属，通过小轴 7 使接点 8 与接触簧片 9 分开，加热器断开，于是烙铁头温度下降，当降到低于居里点时，软磁金属又恢复磁性，永久磁铁又被吸引回来，加热器又恢复加热，如此反复动作，使烙铁头的温度保持在一定范围内。

如果需要不同的温度，可调换装有不同居里点的软磁金属的烙铁头，其居里点不同，失磁的温度也不同。烙铁头的工作温度也可在 260～450℃ 范围内任意选取。

4. 电烙铁的使用与保养

（1）电烙铁的电源线最好选用纤维编织花线或橡皮软线，这两种线不易被烫坏。

（2）使用前，先用万用表测量电烙铁插头两端是否短路或开路，正常时，20W 内热式电烙铁阻值约为 2.4kΩ（烙铁心的电阻值）。再测量插头与外壳是否漏电或短路，正常时阻值应为无穷大。

（3）新烙铁刃口表面镀有一层铬，不易沾锡。使用前用锉刀或砂纸将镀铬层去掉，通电加热后涂上少许焊剂，待烙铁头上的焊剂冒烟时，即上焊锡，使烙铁头的刃口镀上一层锡，这时电烙铁就可以使用了。

（4）在使用间隙中，电烙铁应搁在金属的烙铁架上，这样既保证安全，又可适当散热，避免烙铁头"烧死"。对已"烧死"的烙铁头，应按新烙铁的要求重新上锡。

（5）烙铁头使用较长时间后会出现凹槽或豁口，应及时用锉刀修整，否则会影响焊点质量，对经多次修整已较短的烙铁头，应及时调换，否则会使烙铁头温度过高。

(6) 在使用过程中，电烙铁应避免敲打碰跌，因为高温时的震动，最易使烙铁芯损坏。

1.3.3 手工焊接过程

1.3.3.1 操作前检查

(1) 每天上班前3～5分钟把电烙铁插头插入规定的插座上，检查烙铁是否发热，如发觉不热，先检查插座是否插好，如插好，若还不发热，应立即向管理员汇报，不能自己随意拆开烙铁，更不能用手直接接触烙铁头.

(2) 已经氧化凹凸不平的或带钩的烙铁头应更新的作用：①可以保证良好的热传导效果；②保证被焊接物的品质。如果换上新的烙铁嘴，受热后应将保养漆擦掉，立即加上锡保养。烙铁的清洗要在焊锡作业前实施，如果5分钟以上不使用烙铁，需关闭电源。海绵要清洗干净其含有的金属颗粒，因为含硫的海绵会损坏烙铁头。

(3) 检查吸锡海绵是否有水和清洁，若没水，请加入适量的水（适量是指把海绵按到常态的一半厚时有水渗出，具体操作为：湿度要求海绵全部湿润后，握在手掌心，五指自然合拢即可），海绵要清洗干净，不干净的海绵中含有金属颗粒，或含硫的海绵都会损坏烙铁头。

(4) 人体与烙铁是否可靠接地，人体是否佩带静电环。

1.3.3.2 焊接步骤

烙铁焊接的具体操作步骤可分为8步，称为"八步工程法"，要获得良好的焊接质量必须严格地按此8步骤操作。

高质量的焊接需要高水平的焊接技术，并在焊接时对工件仔细观察，观察焊锡的熔化速度并且辨别工件加热时颜色和亮度的变化。以下是焊接的步骤。

步骤1：将烙铁靠近工件

将干净的铜头置于被焊金属之间。被焊金属的热度必须达到足够熔化焊锡的温度。焊锡必须是被工件熔化而非烙铁。

步骤2：形成热桥

将少量焊锡置于铜头与工件接触处（但不要将焊锡放在铜头尖上）。这少量焊锡形成的液态池称之为热桥。热桥为热量有效传导到工件提供了路径。

图1-28 形成热桥

步骤3：加焊锡

用烙铁尽快将工件加热到焊接温度，然后往焊点（非铜头上）上加锡，即在元件脚末端实际需要焊接处擦拭焊锡。当工件达到焊接温度时，焊锡自行熔化。不要移动烙铁，仅仅是将焊锡丝沿焊点绕行。

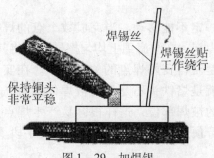

图1-29 加焊锡

步骤4：停止加锡

在移动烙铁前要先移开焊锡丝。先移开焊锡丝，再移开烙铁，则停留工件上的烙铁可保证助焊剂失去活性。但不要将烙铁停留过久，否则，助焊剂会被烧焦。

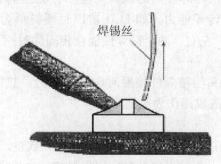

图1-30 停止加锡

步骤5：保存热量

移开焊锡丝后，烙铁再在工件上停留约半分钟，这样可保证所有的焊锡达到焊接温度，同时也可保证用此热量使助焊剂失去活性。但烙铁停留时间不能太长，否则，烙铁可能损坏元件或电路板，同时还可能导致助焊剂残渣烧毁或烧焦。烧过的助焊剂必须清除。

步骤6：移开烙铁

沿被焊导线方向移开烙铁，可减少形成焊锡穗（或"冰柱"）的可能性。

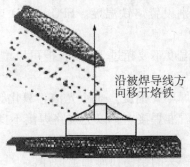

图1-31 移开烙铁

步骤7：冷却焊点

让焊点自然冷却，不要吹它。

步骤8：保持焊点平稳

注意：焊点在冷却时一定不能移动。当完成数个点的焊接后，烙铁铜头上会形成一圈黑环，这是烧焦的助焊剂，在湿海绵上均匀擦拭即可将其清除。

按上述步骤进行焊接是获得良好焊点的关键之一。在实际生产中，最容易出现的一种违反操作步骤的做法就是烙铁头不是先与被焊件接触，而是先与焊锡丝接触，熔化的焊锡滴落在尚末预热的被焊部位，这样很容易产生焊点虚焊，所以烙铁头必须与被焊件接触，对被焊件进行预热是防止产生虚焊的重要手段。

1.3.3.3　焊接要领

1. 烙铁头与两被焊件的接触方式

（1）接触位置：烙铁头应同时接触要相互连接的2个被焊件（如焊脚与焊盘），烙铁一般倾斜45°，应避免只与其中一个被焊件接触。当两个被焊件热容量悬殊时，应适当调整烙铁倾斜角度，烙铁与焊接面的倾斜角越小，会使热容量较大的被焊件与烙铁的接触面积增大，加强热传导能力。如LCD拉焊时倾斜角为30°左右，焊麦克风、马达、喇叭等倾斜角可为40°左右。两个被焊件能在相同的时间里达到相同的温度，被视为加热理想状态。

（2）接触压力：烙铁头与被焊件接触时应略施压力，热传导强弱与施加压力大小成正比，以被焊件表面不造成损伤为原则。

2. 焊丝的供给方法

焊丝的供给应掌握3个要领，即供给时间、位置和数量。

（1）供给时间：原则上是被焊件升温达到焊料的熔化温度是立即送上焊锡丝。

（2）供给位置：在烙铁与被焊件之间并尽量靠近焊盘。

（3）供给数量：应看被焊件与焊盘的大小，焊锡盖住焊盘后焊锡高于焊盘直径的1/3即可。

3. 焊接时间及温度设置

（1）温度由实际使用决定，以4秒焊接一个锡点最为合适，最大不超过8秒，平时观察烙铁头，当其发紫时候，温度设置过高。

（2）一般直插电子料，将烙铁头的实际温度设置为350℃～370℃；表面贴装物料（SMC）物料，将烙铁头的实际温度设置为330℃～350℃。

（3）特殊物料，需要特别设置烙铁温度。FPC，LCD连接器等要用含银锡线，温度一般为290℃～310℃。

（4）焊接大的元件脚，温度不要超过380℃，但可以增大烙铁功率。

4. 焊接注意事项

（1）焊接前应观察各个焊点（铜皮）是否光洁、氧化等。

（2）在焊接物品时，要看准焊接点，以免线路焊接不良引起的短路。

5. 操作后检查

（1）用完烙铁后应将烙铁头的余锡在海绵上擦净。

（2）每天使用完毕后必须将烙铁座上的锡珠、锡渣、灰尘等物清除干净，然后把烙铁放在烙铁架上。

（3）将清理好的电烙铁放在工作台右上角。

1.3.3.4 锡点质量的评定

1. 标准的锡点

（1）锡点成内弧形。

（2）锡点要圆满、光滑、无针孔、无松香渍。

（3）要有线脚，而且线脚的长度为 1～1.2mm。

（4）零件脚外形可见锡的流散性好。

（5）锡将整个上锡位及零件脚包围。

2. 不标准锡点的判定

（1）虚焊。看似焊住，其实没有焊住，主要原因有焊盘和引脚污脏或助焊剂量和加热时间不够。

（2）短路。有脚零件在脚与脚之间被多余的焊锡所连接短路，另一种现象则因检验人员使用镊子、竹签等操作不当而导致脚与脚碰触短路，亦包括残余锡渣使脚与脚短路。

（3）偏位。由于器件在焊前定位不准，或在焊接时造成失误导致引脚不在规定的焊盘区域内。

（4）少锡。少锡是指锡点太薄，不能将零件铜皮充分覆盖，影响连接固定作用。

（5）多锡。零件脚完全被锡覆盖，形成外弧形，使零件外形及焊盘位不能见到，不能确定零件及焊盘是否上锡良好。

（6）错件。零件放置的规格或种类与作业规定或 BOM、ECN 不符者，即为错件。

（7）缺件。应放置零件的位置，因不正常的原因而产生空缺。

（8）锡球、锡渣。PCB 板表面附着多余的焊锡球、锡渣，会导致细小管脚短路。

（9）极性反向。极性方位正确性与加工要求不一致，即为极性错误。

3. 不良焊点可能产生的原因

（1）形成锡球，锡不能散布到整个焊盘。烙铁温度过低，或烙铁头太小；焊盘氧化。

（2）拿开烙铁时候形成锡尖。烙铁不够温度，助焊剂没熔化，不起作用。烙铁头温度过高，助焊剂挥发掉，焊接时间太长。

（3）锡表面不光滑，起皱。烙铁温度过高，焊接时间过长。

（4）松香散布面积大。烙铁头拿得太平。

（5）锡珠。锡线直接从烙铁头上加入、加锡过多、烙铁头氧化、敲打烙铁。

（6）PCB 离层。烙铁温度过高，烙铁头碰在板上。

（7）黑色松香。温度过高。

1.3.3.5 使用拆焊技术

调试和维修中常须更换一些元器件，如果方法不得当，就会破坏印制电路板，也会使换下而并没失效的元器件无法重新使用。

一般电阻、电容、晶体管等管脚不多,且每个引线能相对活动的元器件可用烙铁直接拆焊。将印制板竖起来并夹住,一边用电烙铁加热待拆元件的焊点,一边用镊子或尖嘴钳夹住元器件引线轻轻拉出。

重新焊接时,需先用锥子将焊孔在加热熔化焊锡的情况下扎通,需要指出的是,这种方法不宜在一个焊点上多次使用,因为印制导线和焊盘经反复加热后很容易脱落,造成印制板损坏。

当需要拆下多个焊点且引线较硬的元器件时,以上方法就不行了,例如,要拆下多线插座。一般有以下 4 种方法。

1. 选用合适的医用空心针拆焊

将医用针头用钢锉锉平,作为拆焊的工具,具体的方法是:一边用烙铁熔化焊点,一边把针头套在被焊的元器件引线上,直至焊点熔化后,将针头迅速插入印制电路板的孔内,使元器件的引线脚与印制板的焊盘脱开。

2. 用铜编制线进行拆焊

将铜编制线的部分吃上松香焊剂,然后放在将要拆焊的焊点上,再把电烙铁放在铜编制线上加热焊点,待焊点上的焊锡熔化后,就被铜编制线吸去,如焊点上的焊料一次没有被吸完,则可进行第二次,第三次,直至吸完。当编制线吸满焊料后,就不能再用,就需要把已吸满焊料的部分减去。

3. 用气囊吸锡器进行拆焊

将被拆的焊点加热,使焊料熔化,然后把吸锡器挤瘪,将吸嘴对准熔化的焊料,然后放松吸锡器,焊料就被吸进吸锡器内。

4. 用吸锡电烙铁拆焊

吸锡电烙铁也是一种专用拆焊烙铁,它能在对焊点加热的同时,把锡吸入内腔,从而完成拆焊。

参考文献

[1] 孙惠康. 电子工艺实训教程. 北京:机械工业出版社,2001.

[2] 刘红,杨旭东. 电子工艺实习(第三版). 内部讲义. 北京工业大学电工电子中心,2005.

第2章 FM（SMT）微型收音机制作

2.1 引言

电子系统的微型化和集成化是当代技术革命的重要标志，也是未来发展的重要方向。日新月异的各种高性能、高可靠、高集成、微型化、轻型化的电子产品，正在改变我们的世界，影响人类文明的进程。

安装技术是实现电子系统微型化和集成化的关键。20世纪70年代问世，80年代成熟的表面安装技术（Surface Mounting Technology，简称SMT），从元器件到安装方式，从PCB设计到连接方法都以全新面貌出现，它使电子产品体积缩小，重量变轻，功能增强，可靠性提高，推动信息产业高速发展。SMT已经在很多领域取代了传统的通孔安装（Through Hole Technology，简称THT），并且这种趋势还在发展，预计未来90%以上产品将采用SMT。

通过SMT实习，了解SMT的特点，熟悉它的基本工艺过程，掌握最起码的操作技艺是跨进电子科技大厦的第一步。

2.1.1 SMT简介

2.1.1.1 THT与SMT

图2-1是THT与SMT的安装尺寸比较，表2-1是THT与SMT的区别。

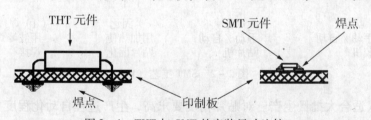

图2-1 THT与SMT的安装尺寸比较

表2-1 THT与SMT的区别

	年代	技术缩写	代表元器件	安装基板	安装方法	焊接技术
通孔安装	20世纪60—70年代	THT	晶体管，轴向引线元件	单、双面PCB	手工/半自动插装	手工焊浸焊
	70—80年代		单、双列直插IC，轴向引线元器件编带	单面及多层PCB	自动插装	波峰焊，浸焊，手工焊
表面安装	20世纪80年代开始	SMT	SMC、SMD片式封装VSI、VLSI	高质量SMB	自动贴片机	波峰焊，再流焊

2.1.1.2 SMT 主要特点

（1）高密集。SMC、SMD 的体积只有传统元器件的 1/10～1/3，可以装在 PCB 的两面，有效利用了印制板的面积，减轻了电路板的重量。一般采用了 SMT 后可使电子产品的体积缩小 40%～60%，重量减轻 60%～80%。

（2）高可靠。SMC 和 SMD 无引线或引线很短，重量轻，因而抗振能力强，焊点失效率可比 THT 至少降低一个数量级，大大提高产品可靠性。

（3）高性能。SMT 密集安装减小了电磁干扰和射频干扰，尤其高频电路中减小了分布参数的影响，提高了信号传输速度，改善了高频特性，使整个产品性能提高。

（4）高效率。SMT 更适合自动化大规模生产。采用计算机集成制造系统（CIMS）可使整个生产过程高度自动化，将生产效率提高到新的水平。

（5）低成本。SMT 使 PCB 面积减小，成本降低；无引线和短引线使 SMD，SMC 成本降低，安装中省去引线成型、引线打弯与剪线的工序；频率特性提高，减少调试费用；焊点可靠性提高，减小调试和维修成本。一般情况下采用 SMT 后可使产品总成本下降 30% 以上。

2.1.1.3 SMT 工艺及设备简介

SMT 有两种基本方式，主要取决于焊接方式。

1. 采用波峰焊（见图 2-2）

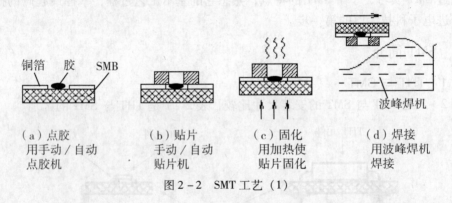

图 2-2 SMT 工艺（1）

此种方式适合大批量生产。对贴片精度要求高，生产过程自动化程度要求也很高。

2. 采用再流焊（见图 2-3）

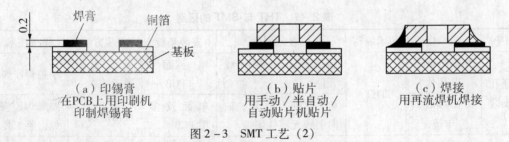

图 2-3 SMT 工艺（2）

这种方法较为灵活，视配置设备的自动化程度，既可用于中小批量生产，又可用于大批量生产。混合安装方法，则需根据产品实际将上述两种方法交替使用．

2.1.2 SMT 元器件及设备

2.1.2.1 表面贴装元器件（Surface Mounting Devices，简称 SMD）

SMT 元器件由于安装方式的不同，与 THT 元器件主要区别在外形封装。另一方面由于 SMT 重点在减小体积，故 SMT 元器件以小功率元器件为主。又因为大部分 SMT 元器件为片式，故通常又称片状元器件或表贴元器件，一般简称 SMD。

1. 片状阻容元件

表贴元件包括表贴电阻、电位器、电容、电感、开关、连接器等。使用最广泛的是片状电阻和电容。

片状电阻电容的类型、尺寸、温度特性、电阻电容值、允差等，目前还没有统一标准，各生产厂商表示的方法也不同。

目前我国市场上片状电阻电容以公制代码表示外型尺寸。

（1）片状电阻。表 2-2 是常用片状电阻尺寸等主要参数。

表 2-2 常用片状电阻主要参数

代码 参数	1608 ＊0603	2012 ＊0805	3216 ＊1206	3225 ＊1210	5025 ＊2010	6332 ＊2512
外型 长×宽	1.6×0.8	2.0×1.25	3.2×1.6	3.2×2.5	5.0×2.5	6.3×3.2
功率（W）	1/16	1/10	1/8	1/4	1/2	1
电压（V）		100	200	200	200	200

注：1. ＊英制代号

2. 片状电阻厚度为 0.4～0.6mm

3. 最新片状元件为 1005（0402），0603（0201），目前应用较少。

4. 电阻值采用数码法直接标在元件上，阻值小于 10Ω 用 R 代替小数点，例如 8R2 表示 8.2Ω，0R 为跨接片，电流容量不超过 2A。

（2）片状电容。

1）片状电容主要是陶瓷叠片独石结构，其外型代码与片状电阻含义相同，主要有：1005/＊0402，1608/＊0603，2012/＊0805，3216/＊1206，3225/＊1210，4532/＊1812，5664/＊2225 等。

2）片状电容元件厚度为 0.9～4.0mm。

3）片状陶瓷电容依所用陶瓷不同分为三种，其代号及特性分别为：

NPO：Ⅰ类陶瓷，性能稳定，损耗小，用于高频高稳定场合。

X7R：Ⅱ类陶瓷，性能较稳定，用于要求较高的中低频的场合。

Y5V：Ⅲ类低频陶瓷，比容大，稳定性差，用于容量、损耗要求不高的场合。

4）片状陶瓷电容的电容值也采用数码法表示，但不印在元件上。其他参数如偏差、耐压值等表示方法与普通电容相同。

2. 表贴器件

表面贴装器件包括表面贴装分立器件（二极管、三极管、FET/晶闸管等）和集成电路两大类。

（1）表面贴装分立器件。除部分二极管采用无引线圆柱外型，主要外形封装为小外形封装 SOP（small outline package）型和 TO 型。表2-3是几种常用外型封装。此外还有 SC-70（2.0×1.25）、SO-8（5.0×4.4）等封装。

表2-3 常用表面贴分立器件封装

封装	SOT-23	SOT-89	TO-252
引脚功能	1. 发射极 2. 基极 3. 集电极	1. 发射极 2. 基极 3. 集电极	1. 基极 2. 集电极 3. 发射极
功率	≤300mW	0.3～2W	2～50W

（2）表面贴装集成电路。常用 SOP 和四列扁平封装 QFP（Quad flat package）封装。见图2-4和图2-5，这种封装属于有引线封装。

SMD 集成电路一种称为 BGA 的封装应用日益广泛，主要用于引线多、要求微型化的电路，图2-6是一个 BGA 的电路示例。

图2-6 BGA 封装

2.1.2.2 印制板（Surface Mounting Board，简称 SMB）

1. SMB 的特殊要求：

（1）外观要求光滑平整，不能有翘曲或高低不平。

（2）热胀系数小，导热系数高，耐热性好。

（3）铜箔粘合牢固，抗弯强度大。

（4）基板介电常数小，绝缘电阻高。

2. 焊盘设计

片状元器件焊盘形状对焊点强度和可靠性关系重大，以片状阻容元件为例，如图2-7所示。

$A = b$ 或 $A = b - 0.3$

$B = h + T + 0.3$（电阻）

$B = h + T - 0.3$（电容）

$G = L - 2T$

大部分 SMC 和 SMD 在 CAD 软件中都有对应焊盘图形，只要正确选择，可满足一般设计要求。

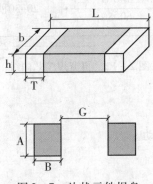

图 2-7 片状元件焊盘

图 2-8 焊膏印刷机

2.1.2.3 小型 SMT 设备

1. 焊膏印制

焊膏印刷机，见图 2-8。

操作方式：手动。

最大印制尺寸：320 * 280mm。

技术关键：①定位精度；②模板制造。

2. 贴片

手工贴片的特点：

(1) 镊子拾取安放；

(2) 真空吸取。

图 2-9 镊子拾取安放

图 2-10 真空笔

3. 再流焊设备

台式自动再流焊机的参数为：

(1) 电源电压为 220V；频率为 50Hz。

(2) 额定功率为 2.2kW。

(3) 有效焊区尺寸为 $240 \times 180 mm^2$。

图 2-11 再流焊机

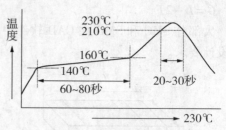

图 2-12 再流焊工艺曲线

(4) 加热方式为远红外 + 强制热风。
(5) 工作模式为工艺曲线灵活设置,工作过程自动。
(6) 标准工艺周期为 4 分钟左右。

2.1.2.4 SMT 焊接质量

1. SMT 典型焊点

SMT 焊接质量要求与 THT 基本相同,要求焊点的焊料的连接面呈半弓形凹面,焊料与焊件交界处平滑,接触角尽可能小,无裂纹、针孔、夹渣,表面有光泽且平滑。

由于 SMT 元器件尺寸小,安装精确度和密度高,焊接质量要求更高。另外还有一些特有缺陷,如立片(又叫曼哈顿)。图 2-13 和图 2-14 分别是两种典型的焊点。

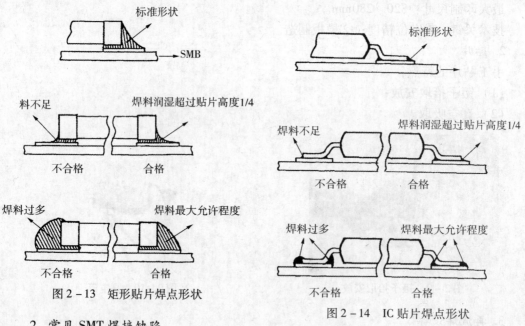

图 2-13 矩形贴片焊点形状

图 2-14 IC 贴片焊点形状

2. 常见 SMT 焊接缺陷

几种常见 SMT 焊接缺陷见图 2-15,采用再流焊工艺时,焊盘设计和焊膏印制对控制焊接质量起关键作用。例如立片主要是两个焊盘上焊膏不均,一边焊膏太少甚至漏印而造成的。

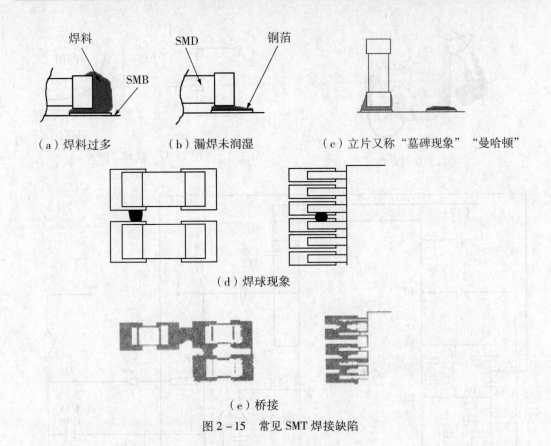

(a) 焊料过多   (b) 漏焊未润湿   (c) 立片又称"墓碑现象""曼哈顿"

(d) 焊球现象

(e) 桥接

图 2-15 常见 SMT 焊接缺陷

2.1.3 实习产品——电调谐微型 FM 收音机

2.1.3.1 产品特点

（1）采用电调谐单片 FM 收音机集成电路，调谐方便准确。
（2）接收频率为 87～108MHz。
（3）较高接收灵敏度。
（4）外形小巧，便于随身携带。
（5）电源范围大，可以是 1.8～3.5V，也可使用充电电池（1.2V）和一次性电池（1.5V）工作。
（6）内设静噪电路，抑制调谐过程中的噪声。

2.1.3.2 工作原理

电路的核心是单片收音机集成电路 SC1088。它采用特殊的低中频（70kHz）技术，外围电路省去了中频变压器和陶瓷滤波器，使电路简单可靠，调试方便。SC1088 采用 SOT16 脚封装，表 2-4 是引脚功能，图 2-18 是电原理图。

1. FM 信号输入

如图 2-18 所示调频信号由耳机线馈入经 C14、C13、C15 和 L1 的输入电路进入 IC 的 11、12 脚混频电路。此处的 FM 信号没有调谐的调频信号，即所有调频电台信号均可进入。

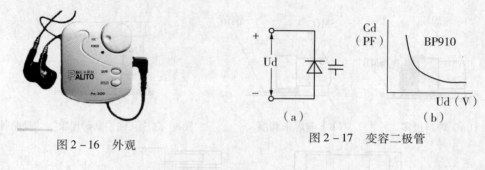

图 2-16 外观　　　　　　　　图 2-17 变容二极管

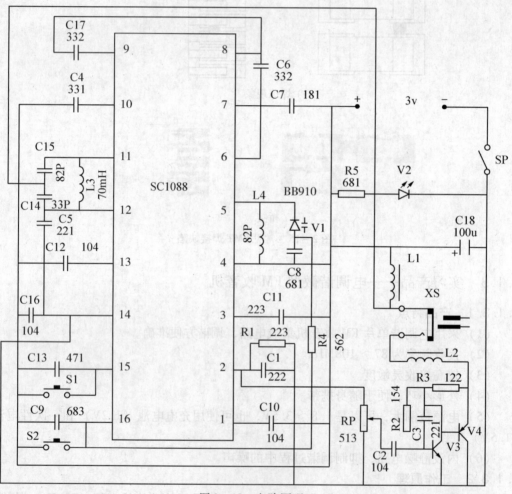

图 2-18 电路原理

2. 本振调谐电路

本振电路中关键元器件是变容二极管，它是利用 PN 结的结电容与偏压有关的特性制成的"可变电容"。

如图 2-17（a），变容二极管加反向电压 U_d，其结电容 C_d 与 U_d 的特性如图 2-17（b）所示，是非线性关系。这种电压控制的可变电容广泛用于电调谐、扫频等电路。

本电路中,控制变容二极管 V1 的电压由 IC 第 16 脚给出。当按下扫描开关 S1 时,IC 内部的 RS 触发器打开恒流源,由 16 脚向电容 C9 充电,C9 两端电压不断上升,V1 电容量不断变化,由 V1、C8、L4 构成的本振电路的频率不断变化而进行调谐。当收到电台信号后,信号检测电路使 IC 内的 RS 触发器翻转,恒流源停止对 C9 充电,同时在 AFC(Automatic Freguency Control)电路作用下,锁住所接收的广播节目频率,从而可以稳定接收电台广播,直到再次按下 S1 开始新的搜索。当按下 Reset 开关 S2 时,电容 C9 放电,本振频率回到最低端。

表 2-4 FM 收音机集成电路 SC1088 引脚功能

引脚	功能	引脚	功能	引脚	功能	引脚	功能
1	静噪输出	5	本振调谐回路	9	IF 输入	13	限幅器失调电压电容
2	音频输出	6	IF 反馈	10	IF 限幅放大器的低通电容器	14	接地
3	AF 环路滤波	7	1dB 放大器的低通电容器	11	射频信号输入	15	全通滤波电容搜索调谐输入
4	Vcc	8	IF 输出	12	射频信号输入	16	电调挡 AFC 输出

3. 中频放大、限幅与鉴频

电路的中频放大,限幅及鉴频电路的有源器件及电阻均在 IC 内。FM 广播信号和本振电路信号在 IC 内混频器中混频产生 70kHz 的中频信号,经内部 dB 放大器,中频限幅器,送到鉴频器检出音频信号,经内部环路滤波后由 2 脚输出音频信号。电路中 1 脚的 C10 为静噪电容,3 脚的 C11 为 AF(音频)环路滤波电容,6 脚的 C6 为中频反馈电容,7 脚的 C7 为低通电容,8 脚与 9 脚之间的电容 C17 为中频耦合电容,10 脚的 C4 为限幅器的低通电容,13 脚的 C12 为中限幅器失调电压电容,C13 为滤波电容。

4. 耳机放大电路

由于用耳机收听,所需功率很小,本机采用了简单的晶体管放大电路,2 脚输出的音频信号经电位器 Rp 调节电量后,由 V3,V4 组成复合管甲类放大。R1 和 C1 组成音频输出负载,线圈 L1 和 L2 为射频与音频隔离线圈。这种电路耗电大小与有无广播信号以及音量大小关系不大,不收听时要关断电源。

2.1.4 实习产品安装工艺

2.1.4.1 安装流程（见图2-19）

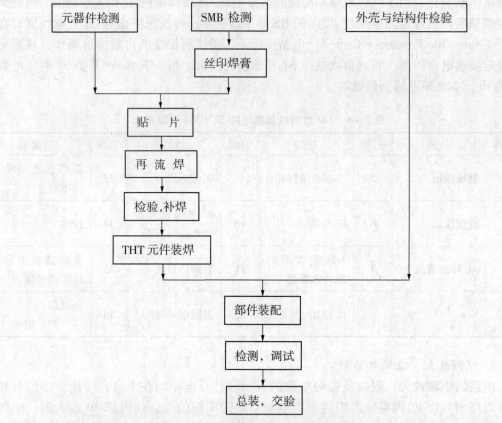

图 2-19 SMT 实习产品装配工艺流程

2.1.4.2 安装步骤及要求

1. 技术准备

（1）了解 SMT 基本知识：①SMC 及 SMD 特点及安装要求；②SMB 设计及检验；③SMT 工艺过程；④再流焊工艺及设备。

（2）实习产品简单原理。

（3）实习产品结构及安装要求。其中，SMB：表面安装印制板，THT：通孔安装，SMC：表面安装元件，SMD：表面安装器件。

2. 安装前检查

（1）SMB 检查。对照图 2-20 检查：①图形完整，有无短，断缺陷；②孔位及尺寸；③表面涂覆（阻焊层）。

（2）外壳及结构件。

1）按材料表清查零件品种规格及数量（表贴元器件除外）；

2）检查外壳有无缺陷及外观损伤；

3）耳机。

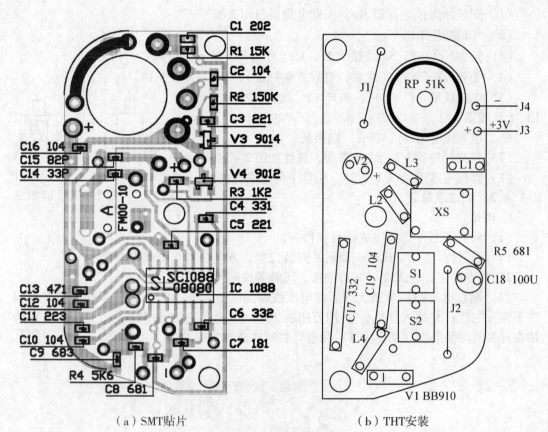

（a）SMT贴片　　　　　　（b）THT安装

图2-20　印制电路板安装

(3) THT 元件检测。

1) 电位器阻值调节特性；

2) LED、线圈、电解电容、插座、开关的好坏；

3) 判断变容二极管的好坏及极性。

3. 贴片及焊接（见图2-20a）

(1) 丝印焊膏，并检查印刷情况。

(2) 按工序流程贴片。

顺序：C1/R1，C2/R2，C3/V3，C4/V4，C5/R3，C6/SC1088，C7，C8/R4，C9，C10，C11，C12，C13，C14，C15，C16。

注意：① SMC 和 SMD 不得用手拿；② 用镊子夹持不可夹到引线上；③ IC1088 标记方向；④ 贴片电容表面没有标志，一定要保证准确及时贴到指定位置。

(3) 检查贴片数量及位置。

(4) 再流焊机焊接。

(5) 检查焊接质量及修补。

4. 安装THT元器件（见图2-20b）

(1) 安装并焊接电位器Rp，注意电位器与印制板平齐。

(2) 耳机插座XS。

(3) 轻触开关S1、S2跨接线J1、J2（可用剪下的元件引线）。

(4) 变容二极管V1（注意，极性方向标记），R5，C17，C19。

(5) 电感线圈L1～L4（磁环L1，红色L2，8匝线圈L3，5匝线圈L4）。

(6) 电解电容C18（100μ）贴板装。

(7) 发光二极管V2，注意高度，极性如图2-21所示。

(8) 焊接电源连接线J3、J4，注意正负连线颜色。

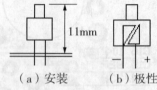

图2-21 发光二极管V2极性

2.1.4.3 调试及总装

1. 调试

(1) 所有元器件焊接完成后目视检查。

1) 元器件：型号、规格、数量及安装位置，方向是否与图纸符合。

2) 焊点检查，有无虚、漏、桥接、飞溅等缺陷。

(2) 测总电流：① 检查无误后将电源线焊到电池片上；② 在电位器开关断开的状态下装入电池；③ 插入耳机；④ 用万用表200mA（数字表）或50mA档（指针表）跨接在开关两端测电流（图2-22）用指针表时注意表笔极性。

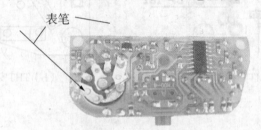

图2-22 万用表电流

正常电流应为7～30mA（与电源电压有关）并且LED正常点亮。以下是样机测试结果，可供参考。

工作电压（V）	1.8	2	2.5	3	3.2
工作电流（mA）	8	11	17	24	28

注意：如果电流为零或超过35mA应检查电路。

(3) 搜索电台广播。如果电流在正常范围，可按S1搜索电台广播。只要元器件质量完好，安装正确，焊接可靠，不用调任何部分即可收到电台广播。

如果收不到广播应仔细检查电路，特别要检查有无错装、虚焊、漏焊等缺陷。

(4) 调接收频段（俗称调覆盖）。我国调频广播的频率范围为87～108MHz，调试时可找一个当地频率最低的FM电台（例如在北京，北京文艺台为87.6MHz）适当改变L4的匝间距，使按过Reset键后第一次按Scan键可收到这个电台。由于SC1088集成度高，如果元器件一致性较好，一般收到低端电台后均可覆盖FM频段，故可不调高端而仅做检查（可用一个成品 FM 收音机对照检查）。

（5）调灵敏度。本机灵敏度由电路及元器件决定，一般不用调整，调好覆盖后即可正常收听。无线电爱好者可在收听频段中间电台（例为 97.4MHz 音乐台）时适当调整 L4 匝距，使灵敏度最高（耳机监听音量最大）。不过实际效果不明显。

2. 总装

（1）腊封线圈。调试完成后将适量泡沫塑料填入线圈 L4（注意不要改变线圈形状及匝距），滴入适量腊使线圈固定。

（2）固定 SMB/装外壳。

1）将外壳面板平放到桌面上（注意不要划伤面板）。

2）将 2 个按键帽放入孔内（图 2-23）。

注意：SCAN 键帽上有缺口，放键帽时要对准机壳上的凸起，RESET 键帽上无缺口。

3）将 SMB 对准位置放入壳内。

① 注意对准 LED 位置，若有偏差可轻轻掰动，偏差过大必须重焊。

② 注意三个孔与外壳螺柱的配合（见图 2-24）。

③ 注意电源线，不妨碍机壳装配。

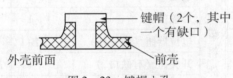

图 2-23 键帽入孔

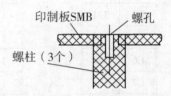

图 2-24 孔与外壳螺柱的配合

④ 装上中间螺钉，注意螺钉旋入手法（见图 2-25 和图 2-26）。

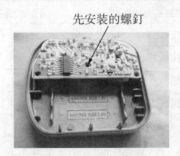

图 2-25 螺钉位置

图 2-26 紧固手法

⑤ 装电位器旋钮，注意旋钮上凹点位置。

⑥ 装后盖，上两边的两个螺钉。

⑦ 装卡子。

3. 检查

总装完毕，装入电池，插入耳机

进行检查，要求：

（1）电源开关手感良好；

（2）音量正常可调；

（3）收听正常；

(4) 表面无损伤。

2.1.4.4 材料清单

材料清单如表 2-5 所示。

表 2-5 FM 收音机材料清单

类别	代号	规格	型号/封装	数量	备注	类别	代号	规格	型号/封装	数量	备注
电阻	R1	222	2012(2125) RJ$\frac{1}{8}$W	1		电感	L1			1	磁环
	R2	154		1			L2			1	红色
	R3	122		1			L3	70nH		1	8 匝
	R4	562		1			L4	78nH		1	5 匝
	R5	681		1		晶体管	V1		BB910	1	
电容	C1	222	2012(2125)	1			V2		LED	1	
	C2	104		1			V3	9014	SOT-23	1	
	C3	221		1			V4	9012	SOT-23	1	
	C4	331		1		塑料件	前盖			1	
	C5	221		1			后盖			1	
	C6	332		1			电位器钮（内、外）			各 1	
	C7	181		1			开关钮（有缺口,）			1	reset 键
	C8	681		1			开关钮（无缺口,）			1	scan 键
	C9	683		1			卡子			1	
	C10	104		1		金属件	电池片（3 件）				正,负,连接片各 1
	C11	223		1			自攻螺钉			3	
	C12	104		1			电位器螺钉			1	
	C13	471		1			印制板			1	
	C14	330		1			耳机 32Ω×2			1	
	C15	820		1			Rp（带开关电位器 51K）			1	
	C16	104		1		其他	S1、S2（轻触开关）			各 1	
	C17	332	CC	1			XS（耳机插座）			1	
	C18	100μ	CD	1							
	C19	104	CT	1	223-104						
IC	A		SC1088	1							

2.2 电子元器件检测

正规的元器件检测需要多种通用或专门测试仪器，一般性的技术改造和电子制作，利用万用表等普通仪表对元器件检测,也可满足制作要求。

万用表使用方法参见《万用表使用入门》及相应说明书。

2.2.1 电阻器检测

用数字表可以方便、准确地检测电阻。

(1) 选择相应量程并注意不要两手同时接触表笔金属部分。

(2) 测量小阻值电阻时注意减去表笔零位电阻(即在 200Ω 档时表笔短接有零点几欧电阻,是允许误差)。

(3) 电阻引线不清洁须进行处理后再测量。

2.2.2 电位器检测

固定端电阻(1、3 端)测量与电阻器测量相同;活动端(1、2 端)性能测量用指针表可方便观察,见图 2-27 及图 2-28。

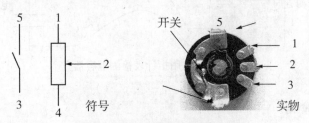

图 2-27 电位器符号与实例

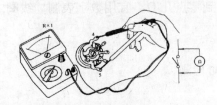

(a) 检测开关

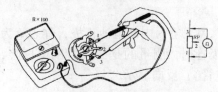

(b) 检测固定端

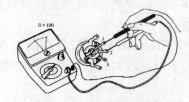

(c) 检测活动端

图 2-28 电位器检测

2.2.3 电容器检测

用指针表可方便观察。

（1）小电容（≤0.1μ）可测短路、断路、漏电故障。采用测电阻的方法：正常情况下电阻为无穷大，若电阻接近或等于零则电容短路，若为某一数值则电容漏电。

（2）大容量电容（≥0.1μ）除可测短路和漏电外，还可估测电容量，电解电容须注意极性。方法为为：①先将电容器两端短接放电。②用表笔接触两端正常情况下表针将发生摆动，容量越大摆动角度越大；且回摆越接近出发点，电容器质量越好（漏电越小），见图2-29。③利用已知容量电容对比可估测电容量。

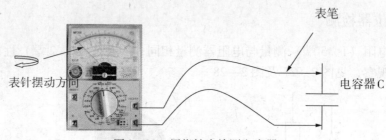

图2-29 用指针表检测电容器

2.2.4 电感器检测

用万用表可测量线圈短路和断路。方法是测线圈电阻及线圈间绝缘电阻。一般线圈电阻值较小，约几十Ω到零点几Ω，宜用数字表测。线圈之间绝缘电阻应为无穷大。

2.2.5 二极管检测

用数字表和指针表均可检测。

1. 普通二极管

· 用指针表：采用测量二极管正反向电阻法，正常二极管正向电阻几kΩ以下，反向几百kΩ以上。

特别提示：指针表中，黑表笔为内部电池正极，红表笔为内部电池负极。

）· 用数字表：用二极管档，测量的是二极管的电压降，正常二极管正向压降约0.1V（锗管）到0.7V（硅管），反向显示"1－－－"。

2. 发光二极管LED

· 用指针表MF368：Ω×1档，表笔 红负黑正，LED亮，从LI刻度读正向电流，LV刻度读正向电压。

· 用数字表DT9236：HFE档，LED正负极分别插入NPN的C、E孔（或PNP的E，C），LED发光（注意！由于电流较大，点亮时间不要太长）。

3. 变容二极管

采用测量普通二极管方法可测好坏。进一步测试需借助辅助电路。

2.2.6 开关及连接器检测

·用测量小电阻的方法可检测开关及连接器好坏和性能,接触电阻越小越好(常用开关及连接器 Rc < 1Ω),用数字表较方便。

·用高阻档可检测开关及连接器的绝缘性能。

2.2.7 三极管的检测

1. 判定基极和管型(NPN 型或 PNP 型):

半导体三极管是具有两个 PN 结的半导体器件,如图 2-30(a)、(b)所示,其中(a)为 PNP 型三极管,(b)为 NPN 型三极管。

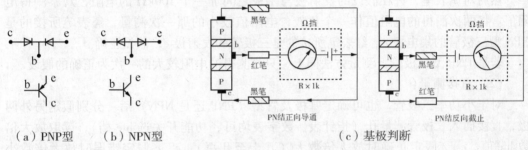

(a)PNP型　　(b)NPN型　　　　　　　　　(c)基极判断

图 2-30 三极管管型、内部 PN 结及基极判断

·**用指针表:**

用电阻档的 Ω×100 或 Ω×1k 挡,以黑表笔(接表内电池正极)接三极管的某一个管脚,再用红表笔(接表内电池负极)分别去接另外两个管脚,直到出现测得的两个电阻值都很小(或者很大),那么黑表笔所接的那一管脚就应是基极。为了进一步确定基极,可再将红黑表笔对调,这时测得的两个电阻值应当与上面的情况刚好相反,即都是很大(或都是很小),这样三极管的基极就确认无误了。

当黑表笔接基极时,如果红表笔分别接其他两脚,所测得的电阻值都很小。说明这是 NPN 型三极管。如果电阻都很大,说明这是 PNP 型三极管。

·**用数字表:**

要用二极管档[用电阻档时各管脚电阻均为无穷大(显示"1———")],方法同上,只是要注意数字表笔接表内电池极性与指针表相反,显示的是 PN 结的正反向压降。

2. 判定发射极和集电极及放大倍数:

判定三极管的发射极 E 和集电极 C,通常用放大性能比较法。

(1)一般方法:

用指针表找到基极 b 并确定为 NPN(或 PNP)型三极管后,在剩下的两个管脚中可以假定一个为集电极,另一个为发射极;观察放大性能,方法如图 2-31 所示:将黑表笔接假设的集电极,红表笔接假设的发射极,并在集电极极与基极之间加一个 100kΩ 左右的电阻(通常测量时可用人体电阻代替,即用手指捏住两管脚,下同),观

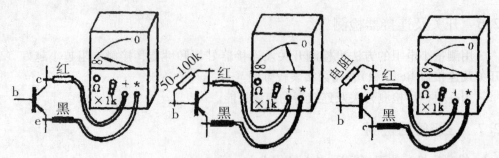

图 2-31　发射极和集电极及放大倍数检测（NPN 型三极管）

察测得的电阻值。

　　然后对调表笔，并在假设的发射极与基极之间加一个 100kΩ 的电阻，观察测得电阻值。将两次测得的电阻值作一个比较，电阻值较小的那一次测量，黑表笔所接的是 NPN 型三极管的集电极 c，红表笔所接的是三极管的发射极 e，假设正确。

　　若是 PNP 型三极管，测量方法同上，只是测得的电阻较大的一次为正确的假设。

（2）直接测量：

　　对于小功率三极管，也可确定基极及管型（PNP 还是 NPN）后，分别假定另外两极，直接插入三极管测量孔（指针表、数字表均可，功能开关选 hfe 档），读取放大倍数 hfe 值。e、c 假定正确时放大倍数大（几十至几百），e、c 假定错误时放大倍数小（一般 <20），见图 2-32。

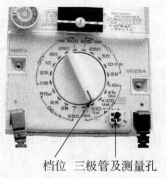
（a）MF368型指针表

（b）DT9236型数字表

图 2-32　直接测量法（测量三极管放大倍数并判断管脚）

参考文献

[1] FM 贴片收音机指导书. 内部讲义. 清华大学电子实习基地，2004.

第3章 直流稳压/充电电源制作

3.1 实践目标

通过制作，了解电子产品生产试制的全过程，训练动手能力，培养工程实践观念。

3.2 产品简介

本产品可将市电电压220V转换成3～6V直流稳压电源，可作为收音机等小型电器的外接电源，并可对1～5节镍铬或镍氢电池进行恒流充电，性能优于市售一般直流电源及充电器，具有较高的性价比和可靠性，是一种用途广泛的实用电器。

3.2.1 主要性能指标

（1）输入电压：AC：～220V。
（2）输出电压（直流稳压）：分三挡（即：3V、4.5V、6V），各挡误差为±10%。
（3）输出电流（直流）：额定值150mA，最大300mA。
（4）过载、短路保护，故障消除后自动恢复。
（5）充电稳定电流：60mA（±10%）可对1～5节5号镍铬电池充电，充电时间10～12小时。

3.2.2 工作原理

产品电原理见图3-11。由图可见，变压器T及二极管V1～V4，电容C1构成典型全波整流电容滤波电路，后面电路若去掉R1及LED1，则是典型的串联稳压电路[①]。其中LED2兼做电源指示及稳压管作用，当流经该发光二极管的电流变化不大时其正向压降较为稳定（约为1.9V，但也会因发光管规的不同而有所不同，对同一种LED则变化不大），因此可作为低电压稳压管来使用。R2及LED1组成简单过载及短路保护电路，LED1兼作过载指示。输出过载（输出电流增大）时R2上压降增大，当增大到一定数值后LED1导通，使调整管V5、V6的基极电流不再增大，限制了输出电流的增加，起到限流保护作用。

K1为输出电压选择开关，K2为输出电压极性变换开关。V8、V9、V10及其相应元器件组成三路完全相同的恒流源电路，以V8单元为例，如前所述，LED3在该处兼做稳压及充电指示双重作用，V11可防止电池极性接错。如图可知，通过电阻R8的电流（即输出整流）可近似地表示为：

$$I_0 = \frac{U_z - U_{be}}{R_8}$$

其中：I_0——输出电流；

---

① 参见《模拟电子技术基础》童诗白主编，及《电工技术与电子技术》王鸿明等编，高等教育出版社出版。

U_{be} ——T4 的基极和发射极间的压降,一定条件下是常数(约 0.7V);

U_Z ——LED3 上的正向压降,取 1.9V。

由公式可见 I_0 主要取决于 U_Z 的稳定性,而与负载无关,实现恒流特性。

由上式可知,改变 R_8 即可调节输出电流,因此本产品也可改为大电流快速充电(但大电流充电影响电池寿命),或减小电流即可对 7 号电池充电。当增大输出电流时可在 V8 的 C～E 极之间并接一电阻(电阻值为数十 Ω)以减小 V8 的功耗。

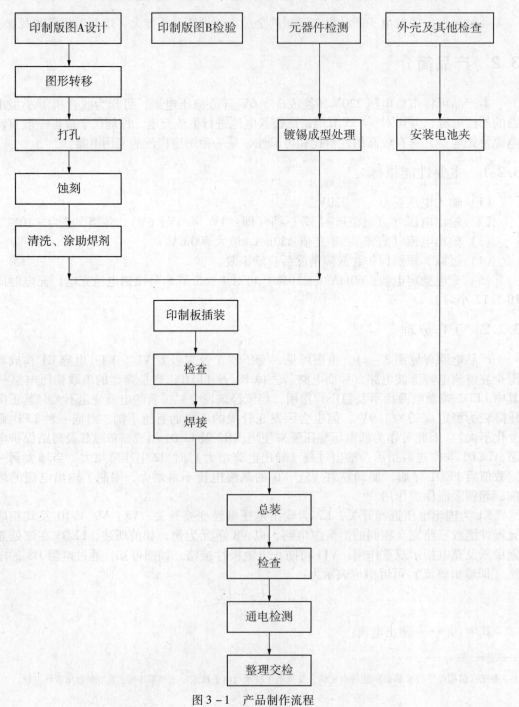

图 3-1 产品制作流程

3.2.3 软件仿真（Multisim）

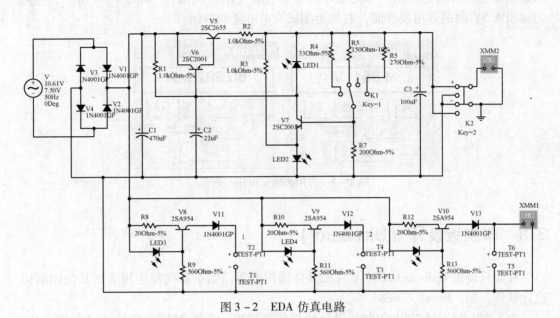

图 3-2 EDA 仿真电路

本电路仿真所有元件参数如表 3-1 所列。

由于 multisim 元件库里没有 9013、8050 及 8550 型号的三极管，故用性能参数相近的 2SC2001、2SC2655 和 2SA954 代替做仿真，注意 2SA954（8550）为 PNP 型。

表 3-1 电路仿真所采用元件参数

Quantity	Description	库	Reference_ ID	Package
1	AC Voltage		V	
2	CAP_ Electrolit		C1，C3	ELKO10R5
1	CAP_ Electrolit	同上	C2	ELKO8R5
13	Resistor	同上	R1——R13	RES0.5
1	Connectors	同上	J1	HDR1×4
1	Connectors	同上	J2	HDR1×14
6	Connectors	同上	T1——T6	TEST_ PT1
7	Diode, 1N4001		V1—V4，V11—V13	需修改
5	LED	同上	LED1——LED5	LED1
6	BJT_ NPN		V5——V10	TO92
2	Switches		K1，K2	

双击信号源，设置 Voltage RMS 为 7.5V（有效值），调换 K1 连接电阻，用万用表观察输出电压（用电压档）和充电时的充电电流（用电流档），如图 3-3 所示，左侧为输出 4.5V 时的万用表界面，右侧为测试充电电流的界面。

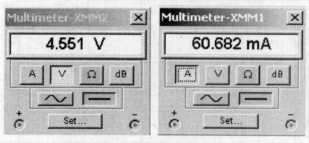

图 3-3　万用表测量电压、电流

3.3　印制板设计（Ultiboard）

在此只提供 Ultiboard 2001 软件的具体操作步骤，如果有兴趣也可尝试其他印制板设计软件，如：Protel、Orcad 等。

为了向 Ultiboard 2001 印制板设计软件传送数据，在绘制仿真原理图时应该注意：所有元件均应采用真实元件否则无法传送；电源/信号源类元件均为虚拟元件实际需外接，均应取用连接器作为印制板上的输入输出端子；Multisim 向 Ultiboard 传送后应注意检查是否缺少元件；Multisim 2001 的 msm 文件名请采用英文；由于充电器要分成 A、B 板两部分，所以设计印制板之前，电路图需作修改。

Multisim 电路图中有些真实元件的封装在 Ultiboard 中没有或者不正确，需要预先创建或在 Multisim 中改变元件的封装，如其中的六个三极管，在建立电路图前应先确定正确的封装。

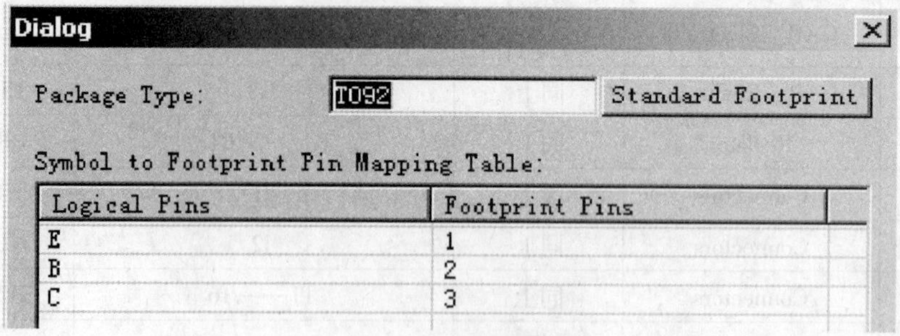

图 3-4　元件封装设置

具体操作步骤：双击三极管，点击 Edit Footprint （编辑元件封装）按钮，参照图 3-4 在 Package Type 项中将封装类型改为 TO92，并将 E、B、C 的 Footprint Pins 改为 E→1，B→2，C→3 的引脚顺序，然后选择 OK 即可。

注意传送目录应使用 Ultiboard 2001 的工作目录一般为 UB 2001。

请选择线宽 30mil，避让距离 10mil。利用 Place 菜单中的命令（如 Shape/Rectangle）在 Board Outline 层定义印制板的形状（封闭曲线），要求印制板尺寸为 86mm×56mm。

根据需要设定设计规则，示例中主要考虑使用 Tools 菜单的 PCB Properties 选 Board Settings 页，Layer 1 选择成对板层对数量为 1，Single Layer Top 0 Bottom 0 分别选择上面和底面单个板层数量为 0，Inner 显示内电层数量为 0；Allow Top Layer ✓ Bottom Layer ✓ 均选中允许两个基本布线层。

设置单位制和格点，使用 Tools 菜单的 PCB Properties 选 Grid & units 页。在 Units 区域的 Design mil 设置图纸的单位为英制单位 mil。在 Grids 区域，Visible grid 25.00000 设置可视格点距离为 25mil；Component grid 50.00000 设置元件摆放格点距离为 50mil，Grid 25.00000 设置光标格点距离，即光标移动一步距离为 25mil。

二极管 V1—V4，V11—V13 的封装也需要改变，按照下面步骤进行修改：选中该元器件→Tools→Change Footprint→Library：Diodes→Available Parts：DIO8×3R10。

参照原理图移动元件形成布局图，使用 Autoroute/place 菜单的 Internal Rip-up and Retry 命令进入内置拆线－重试自动布线器窗口，直接选 Route! 命令开始布线，程序会自动打开布线策略选择窗口，按 OK 钮开始自动布线，可以观察到双面自动布线效果。

关掉拆线－重试自动布线器并选 NO，不传输数据，再重新进入拆线－重试自动布线器窗口，使用 Parameters 菜单的 Costing Parameters 命令，选中代价参数设定窗口左上角的一个板层名 Top 再按右侧的 Edit layers 按钮，就会显示窗口，不选中 Routable，禁止上面板层自动布线。选 Route! 命令开始布线，程序会自动打开布线策略选择窗口，按 OK 钮开始自动布线，可以观察到单面自动布线效果。

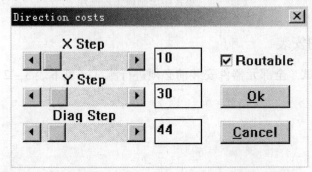

注意使用 Tools/Copper Delete/All Copper 命令可以删除所有布线和导通孔，使用

File/IMPORT/Netlist 命令可以重新调入网络表进行 DRC 检查。

自动布线完成后可做手工调整：加大焊盘、标注正极（改变焊盘形状）、加粗线宽、改变引线走向等，使印制板具有工艺性。双击焊盘或连线即可进行修改。

3.4 制作工艺

3.4.1 印制板制作

本产品有 A、B 两块印制电路板（见图 3-12），B 板为成品板，A 板作为实习自制板。

(1) 设计。图 3-12 为参考印制板设计图，也可根据电路原理图（如图 3-11）自行设计，设计原则及方法，如 3.3 所述。

(2) 制作。按照印制板设计图，可根据电路原理图自行设计印制板。印制板要求自己制作。

参照下面的工作流程图（图 3-5），完成印制板的设计与制作。

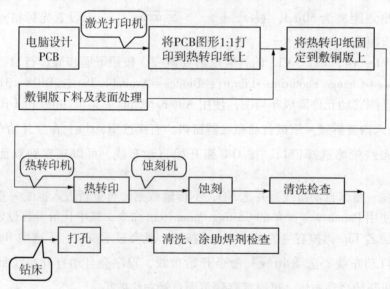

图 3-5 热转印法制板工艺流程

3.4.2 印制板的安装

(1) 元器件测试。全部元器件安装前必须进行测试（见下表 3-2）。

表3-2 元器件安装检测

元器件名称	测试内容及要求
二极管	正向电阻、极性标志是否正确（注：有色环的一边为负极性）
三极管	判断极性及类型：8050、9013为NPN型，8550为PNP型 β值大于50
电解电容	是否漏电　　　　　　　　　漏电流小 极性是否正确　　　　　　　极性正确
电阻	阻值是否合格
发光二极管	用万用表h_{FE}功能检测极性及好坏 负极　　正极
开关	通断是否可靠
插头	接线是否可靠
变压器	绕组有无断、短路，电压是否正确

(2) 印制电路板A的焊接。按图3-12（a）所示位置，将元器件全部卧式焊接（参见图3-6）注意二极管、三级管及电解电容的极性。

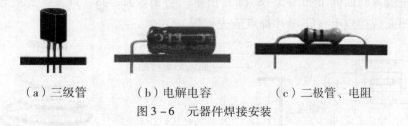

（a）三级管　　　（b）电解电容　　　（c）二极管、电阻

图3-6 元器件焊接安装

(3) 印制电路板B的焊接：

1) 按图3-12（b）所示位置，将K1、K2从元件面插入，且必须装到底。

2) LED1-LED5的焊接高度如图3-7（a）所示，要求发光管顶部距离印制板高度为3.5~14mm。让5个发光管露出机壳2mm左右，且排列整齐。注意颜色和极性。

也可先不焊LED，待LED插入B板后装入机壳调好位置再焊接。

3）将15线排线B端（见图3-7（b））与印制板1～15焊盘依次顺序焊接。排线两端必须镀锡处理后方可焊接，长度如图所示，A端左右两边各5根线（即：1～5、11～15）分别依次剪成均匀递减（参照图中所标长度）的形状。再按图将排线中的所有线段分开至两条水平虚线处，并将15根线的两头剥去线皮2～3mm，然后把每个线头的多股线芯绞合后镀锡（不能有毛刺）。

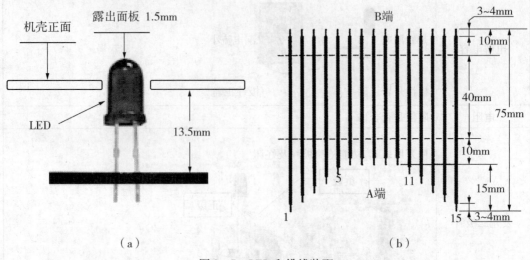

图3-7 LED和排线装配

4）焊接十字插头线CT2，注意：十字插头有白色标记的线焊在有×标记的焊盘上。

5）焊接开关K2旁边的短接线J9。

（4）以上全部焊接完成后，按图检查正确无误，待整机装接。

3.4.3 整机装配工艺

3.4.3.1 装接电池夹正极片和负极弹簧

（1）正极片凸面向下如图3-8（a）所示。将J1、J2、J3、J4、J5五根导线分别焊在正极片凹面焊接点上（正极片焊点应先镀锡）。

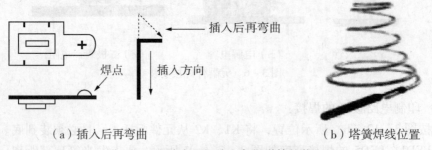

（a）插入后再弯曲　　　　　　　　　　（b）塔簧焊线位置

图3-8 电池夹正极片和负极弹簧的装配

(2）安装负极弹簧（即塔簧），在距塔簧第一圈起始点 5mm 处镀锡（见图 3-8（b））。分别将 J6、J7、J8 三根导线与塔簧焊接，

3.4.3.2 电源线连接

把电源线 CT1 焊接至变压器交流 220V 输入端（参见图 3-9）。注意：两接点用热缩套管绝缘，热缩套管套上后须加热两端，使其收缩固定。

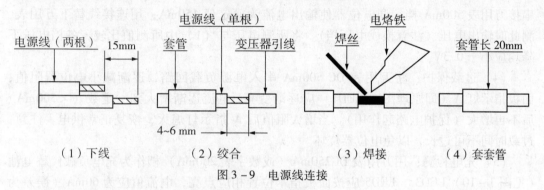

图 3-9 电源线连接

3.4.3.3 焊接 A 板与 B 板以及变压器的所有连线

（1）变压器副边引出线焊至 A 板 T-1、T-2。
（2）B 板与 A 板用 15 线排线对号按顺序焊接。

3.4.3.4 焊接印制板 B 与电池片间的连线

按图 3-13 将 J1、J2、J3、J6、J7、J8 分别焊接在 B 板的相应点上。

3.4.3.5 装入机壳

上述安装完成后，检查安装的正确性和可靠性，然后按下述步骤装入机壳。

（1）将焊好的正极片先插入机壳的正极片插槽内，然后将其弯曲 90°（见图 3-8）。注：为防止电池片在使用中掉出，应注意焊线牢固，最好一次性插入机壳。
（2）按装配图（见图 3-10）所示位置将塔簧插入槽内，焊点在上面。在插左右两个塔簧前应先将 J4、J5 两根线焊在塔簧上后再插入相应的槽内。
（3）将变压器副边引出线朝上，放入机壳的固定槽内。
（4）用 M2.5 自攻钉固定（B）板两端。

3.5 检测调试

3.5.1 目视检验

总装完毕，按原理图及工艺要求检查整机安装情况，着重检查电源线，变压器连线，输出连线及（A）和（B）两块印制板的连线是否正确、可靠，连线与印制板相邻导线及焊点有无短路及其他缺陷。

3.5.2 通电检测

（1）电压可调：在十字头输出端测输出电压（注意电压表极性），所测电压值应与

面板指示相对应。拨动开关 K1，输出电压相应变化（与面板标称值误差在 ±10% 为正常）。并纪录该值。

（2）极性转换：按面板所示开关 K2 位置，检查电源输出电压极性能否转换，应与面板所示位置相吻合。

（3）负载能力：用一个 47Ω/2W 以上的电位器作为负载，接到直流电压输出端，串接万用表 500mA 档。调电位器使输出电流为额定值 150mA；用连接线替下万用表，测此时输出电压（注意换成电压档）。将所测电压与（1）中所测值比较，各档电压下降均应小于 0.3V。

（4）过载保护：将万用表 DC 500mA 串入电源负载回路，逐渐减小电位器阻值，面板指示灯 A（即原理图中 LED1）应逐渐变亮，电流逐渐增大到一定数（<500mA）后不再增大（保护电路起作用）。当增大阻值后 A 指示灯熄灭，恢复正常供电。注意：过载时间不可过长，以免电位器烧坏。

（5）充电检测：用万用表 DC250mA（或数字表 200mA）档作为充电负载代替电池（见图 3-10）LED3～LED5 应按面板指示位置相应点亮，电流值应为 60mA（误差为 ±10%），注意表笔不可接反，也不得接错位置，否则没有电流。

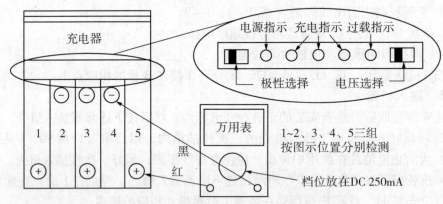

图 3-10　面板功能及充电电源检测

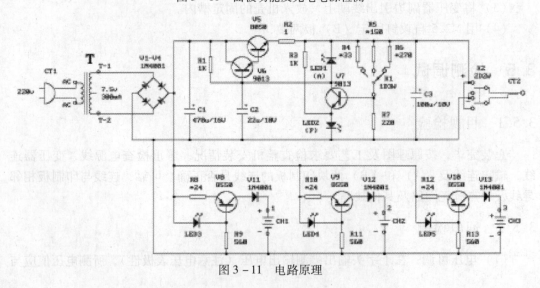

图 3-11　电路原理

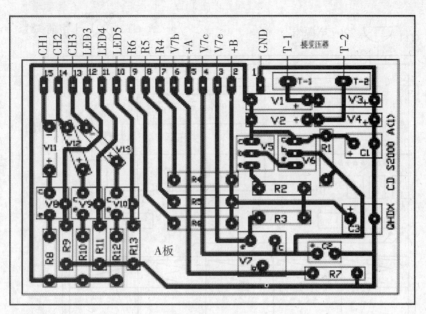

(a)

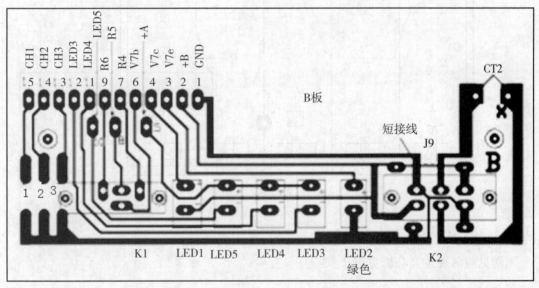

(b)

图 3-12 印制板装配焊接

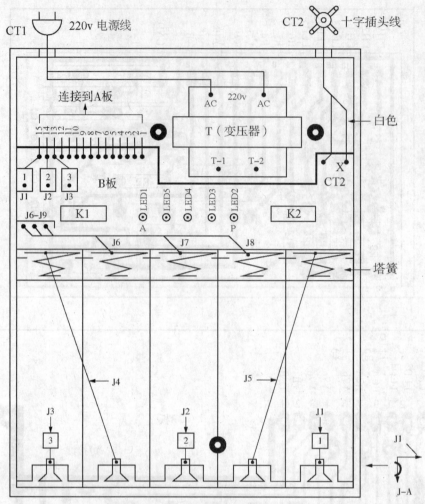

图3-13 整机装配(后视图)

3.5.3 故障检测

常见故障现象及分析见表3-3。

表3-3 常见故障现象及分析

序号	故障现象	可能原因/故障分析
1	CH1、CH2、CH3 三个通道电流大大超过标准电流(60mA)	・LED3～LED5 坏 ・LED3～LED5 装错 ・电阻 R8、R10、R12 阻值错(偏小) ・有短路的地方。
2	检测 CH1 的电流时,LED3 不亮,而 LED4 或 LED5 亮了	15 根排线有错位之处

续表 3-3

序号	故障现象	可能原因/故障分析
3	拨动极性开关，电压极性不变	j9 短接线未接
4	电源指示（绿色）发光管与过载指示灯同时亮	· R2（1Ω）的阻值错 · 输出线或电路板短路
5	CH1 或 CH2 或 CH3 的电流偏小（<45 mA）	· IED3 或 LED4 或 LED5 正向压降小（正常值应大于1.8V） · 电阻 R8、R10、R12 阻值错
6	LED3～LED5 通电后全亮，但三通道电流很小或无电流	· 24Ω 电阻错
7	3V、4.5V、6V 电压均为 9V 以上	· T1 或 T2 坏 · LED2 坏
8	充电器使用一段时间后，突然 LED1、LED2 同时亮	可能 T1（8050）坏

3.5.4 设计所用材料清单

设计所用材料清单如表 3-4。

表 3-4 设计所用材料清单

序号	代号	名称	规格及型号	数量	备注
1	V1～V4 V11～V13	二极管	1N4001（1A/50V）	7	A
2	V5	三极管	8050（NPN）	1	A
3	V6，V7	三极管	9013（NPN）	2	A
4	V8，V9，V10	三极管	8550（PNP）	3	A
5	LED1、3、4、5	发光二极管	φ3 红色	4	B
6	LED2	发光二极管	φ3 绿色	1	B
7	C1	电解电容	470μ/16V	1	A
8	C2	电解电容	22μ/10V	1	A
9	C3	电解电容	100μ/10V	1	A
10	R1，R3	电阻	1K（1/8W）	2	A
11	R2	电阻	1Ω（1/8W）	1	A
12	R4	电阻	33Ω（1/8W）	1	A
13	R5	电阻	150Ω（1/8W）	1	A
14	R6	电阻	270Ω（1/8W）	1	A

续表 3-4

序号	代号	名称	规格及型号	数量	备注
15	R7	电阻	220Ω（1/8W）	1	A
16	R8，R10，R12	电阻	24Ω（1/8W）	3	A
17	R9，R11，R13	电阻	560Ω（1/8W）	3	A
18	K1	拨动开关	1D3W	1	B
19	K2	拨动开关	2D2W	1	B
20	CT2	十字插头线			B
21	CT1	电源插头线	2A 220A	1	接变压器 AC—AC 端
22	T	电源变压器	3W 7.5V	1	JK
23	A	印制线路板（A）	大板	1	JK
24	B	印制线路板（B）	小板	1	JK
25	JK	机壳后盖上盖	套	1	
26	TH	弹簧（塔簧）		5	JK
27	ZJ	正极片		5	JK
28		自攻螺钉	M 2.5	2	固定印制线路板小板（B）
29		自攻螺钉	M 3	3	固定机壳后盖
30	PX)	排线（15P	75mm	1	(A)板与(B)板间的连接线
31	JX 接线	J1	160 mm	1	注：J9（印制板 B 上面的开关 K2 旁边的短接线）可采用硬裸线或元器件腿。
		J2	125 mm	1	
		J3，J4，J5	80 mm	3	
		J6	35 mm	1	
		J7	55 mm	1	
		J8	75 mm	1	
		J9	15 mm	1	
32		热缩套管	30 mm	2	用于电源线与变压器引出导线间接点处的绝缘

注：备注栏中的"A"表示该元件应安装在大板（A）上，"B"表示该元件应安装在小板（B）上，"JK"表示该零件应安装到机壳中。

参考文献

[1] EDA 实践补充教材——多用充电器. 内部讲义. 清华大学电子实习基地，2004.

第4章 电子闹钟的设计

4.1 概述

本章要求读者运用数字电子技术课程所学知识,利用 EWB(Electronics WorkBench)电子电路仿真设计软件进行设计开发,运用各种数字电路设计一个具有日常生活普遍功能的电子闹钟电路并实现其仿真运行调试。通过本设计,能令读者根据设计目标功能进行综合分析,掌握功能简单的数字电子电路的设计及仿真调试方法。

4.2 产品简介

电子闹钟是人们日常生活必需的电子产品。本设计要求实现电子闹钟的基本功能包括:

(1) 进行 24 小时制的时、分、秒计时;
(2) 实现时间的 LED 数码管显示;
(3) 具有手动输入的时间调整功能;
(4) 具有闹钟设置功能,能发出相应的闹铃提示。

4.3 设计思路及总体设计

正确的设计思路是设计成功的首要条件。虽然每秒的状态均不一样,但 24 小时一共有 24×60×60 秒,如果按照每秒一种状态来设计电路是不现实的。设计要严格遵循结构化和模块化的思想,一个功能一个模块。因此电子闹钟一个有四个模块:计时模块、显示模块、闹钟模块、调时模块,如图 4-1 所示。

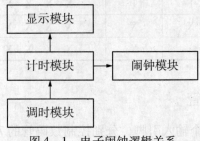

图 4-1 电子闹钟逻辑关系

可见计时模块是整个电子闹钟系统的核心部分。根据日常生活的习惯和电子闹钟的功能,把计时模块分解为:计小时、计分钟、计秒钟三个子模块能提高设计的效率

（因为计分钟和计秒钟均是数60，而计小时则是计24，电路功能相若）。

4.4 工作条件

正确挑选功能合适的芯片电路是本设计的关键。根据计数要求和显示要求，本设计可采用8421BCD码同步加法计数器74160作计数用途，解密型七段数码管作显示用途。

4.4.1 74160

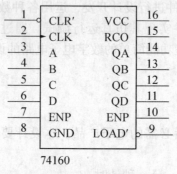

图4-2 74160引脚

LOAD'为预置数控制端，RCO为进位输出端：RCO = ENT · QC · QA，CLR为异步置零端，ENP和ENT为工作状态控制端，QD、QC、QB、QA为输出端，D、C、B、A为预置数输入端。

表4-1 74160引脚功能

清零	预置	使能		时钟	预置数据输入				输出			
CLR'	LOAD'	ENP	ENT	CLK	D	C	B	A	QD	QC	QB	QA
0	X	X	X	X	X	X	X	X	0	0	0	0
1	0	0	0	↑	X	X	X	X	D	C	B	A
1	1	1	1	↑	X	X	X	X	计数			
1	1	0	X	X	X	X	X	X	保持			
1	1	X	1	X	X	X	X	X	保持			

4.4.2 解码型七段数码管

普通的七段数码管有7个输入引脚，分别控制数码管的7个LED，如图4-3所示。因此，需要输入相应的段码才能显示0~9。由于74160输出的是BCD码，需要把BCD码转换为段码才可显示。而解码型七段数码管则配有BCD码转换的功能，可直接输入4位BCD码进行显示，如图4-4所示。

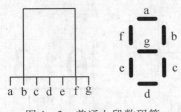 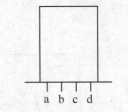

图4-3 普通七段数码管　　　　图4-4 解码型七段数码管

4.5 项目的原理图与仿真

4.5.1 计时模块设计

计时模块可分为计小时、计分钟、计秒钟三个子模块,实现数60和数24两种计数功能。

4.5.1.1 计分钟、计秒钟子模块的设计

这两个子模块均是60进制的,因此它们的电路是完全一样的。这里采用两片74160实现十位的数6计数及个位的数10计数。采用1Hz的时钟脉冲信号给个位的74160的CLK,则可实现个位的十进制计数,每秒数1次。

1. 个位到十位的进位问题

根据教科书的设计理念,本来把个位的74160的RCO连接给十位的74160的CLK,即可实现个位到十位的进位。但是分析74160的进位特点（RCO = ENT × QC × QA）,当其数到9的时候即会从RCO输出一个高电平,于是十位的74160获得进位信号而数1,例如从00开始,当数到09时变为19,这是不符合我们的设计预期的。因此,个位的74160的RCO进位不能送给十位74160的CLK。解决方法是把十位74160的CLK与个位的CLK相连,把个位74160的RCO送给十位74160的使能端（ENP或ENT）。这样当个位74160数到9时,RCO出现的进位信号令十位74160使能而工作,在下一个时钟脉冲到达时,个位和十位74160一起数1,个位RCO重新变为无效,十位74160在数一次后也停止工作,解决了上述问题。

2. 十位的数6问题

由于74160是十进制的计数器,十位只需数6,因此十位的74160当数到6时需要归零。因此可把十位74160的输出连接到门电路,经过逻辑判断后对十位的74160的CLR发出低电平即可把十位的74160进行清零操作。另一方面,当十位清零时,也就代表着要进行进位操作（数满60秒向分钟进1,数满60分向小时进1）,因此这个十位的清零信号也是进位信号,把它连接到前一个子模块的CLK即可实现计小时、计分钟、计秒钟三个子模块的连接。计分钟、计秒钟子模块电路设计如图4-5所示。

4.5.1.2 计小时子模块的设计

计小时子模块的电路设计跟计分钟、计秒钟子模块相若,也是由两片74160构造而成。但是计小时子模块是进行每计数24为一次循环的计数方式,其清零方式与前面

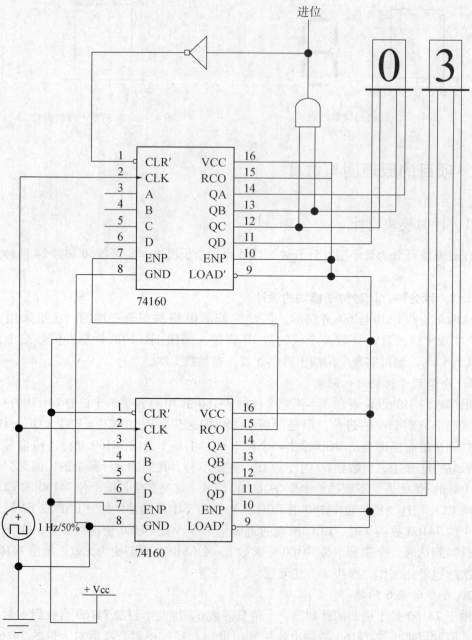

图 4-5 计分钟、计秒钟子模块电路

数 60 的子模块有所不同。

读者在进行计小时子模块的设计时可能会陷入一种困境：一是其十位的 74160 在数到 2 的时候并不是立刻清零的（计分钟、计秒钟子模块的十位在数到 6 时立刻清零），而是需要等到个位数到 4 才清零；二是个位的 74160 有两种清零情况，当十位是 0 或 1 时个位是十进制的，自动清零，而当十位是 2 时个位是 4 进制的，数到 4 清零。要实现这种复杂的关系就需要添加多个门电路才能完成。

之所以会产生这种困境是因为设计的时候没有遵循结构化的设计理念。思考图 4-5 的电路，如果没有加入门电路，则这个电路会数到 100 清零，而加入门电路后才实现数 60 清零。也就是说，如果读者把这两个连接在一起的 74160 看成是一块的（一个数 100 的模块），则前面的困境就会立刻解开，这时候数 60 清零跟数 24 清零在设计方法上是完全没有区别的，均是在原来的两个 74160 的基础上添加门电路而已，如图 4-6 所示。只是在清零的时候清零信号也要送给个位的 74160（个位的 74160 这时数到 4，不能自动清零）。

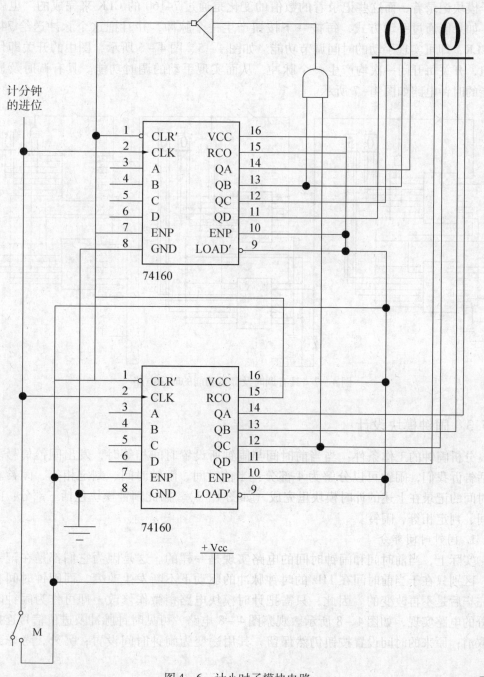

图 4-6 计小时子模块电路

4.5.2 显示模块及调时模块设计

如前所述，由于计时模块是整个电子闹钟系统的核心部分，计时模块分解为三个子模块，则显示模块及调时模块也相应分解为三个对应的子模块。如图4-5、图4-6所示，显示模块的设计非常简单，只需把74160的BCD码输出直接连接到解码型七段数码管上即可实现显示。

调时模块的功能是：通过手动方式对时间进行调整。时、分、秒由计时模块的三个子模块记录着，而这些记录着的数值的变化是通过74160的CLK来完成的。也就是说，如果能通过手动方式，每按一下按钮产生一个脉冲，并且把这个脉冲送给74160的CLK，即可实现手动的时间调节功能。如图4-5、图4-6所示，图中的开关即代表按钮，开关每开闭一次均产生一个脉冲，从而实现手动的调时功能。具有调时及显示功能的时钟电路如图4-7所示。

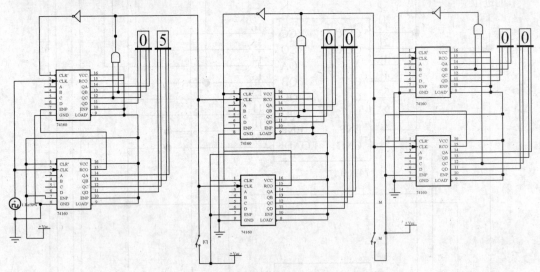

图4-7 具有调时及显示功能的时钟电路

4.5.3 闹钟模块设计

分析闹钟的工作条件：当当前时间与闹钟所设置时间相等时，发出闹铃信号。这句话告诉我们，闹钟可以分解为4部分：当前时间、闹钟时间、判定相等、闹铃。当前时间的记录在上述的计时模块里完成（如图4-7）。因此闹钟模块包括三部分：闹钟时间、判定相等、闹铃。

1. 闹钟时间部分

实际上，当前时间和闹钟时间的电路实现是一样的。这是因为它们都是在记录时间，区别只在于当前时间在1Hz的时钟脉冲的驱动下不断发生改变，而闹钟时间在设置完毕后是不再改变的。因此，只需把计时模块电路稍微作修改，即可作为闹钟时间部分的电路实现，如图4-8所示。观察图4-8电路，可见时钟脉冲及进位信号连接均已取消；原来的时间设置按钮仍然保留，其用途变为闹钟时间设置；另外，考虑到闹钟时间不需要精确到秒钟，图4-8电路仅包括小时和分钟的闹钟时间。

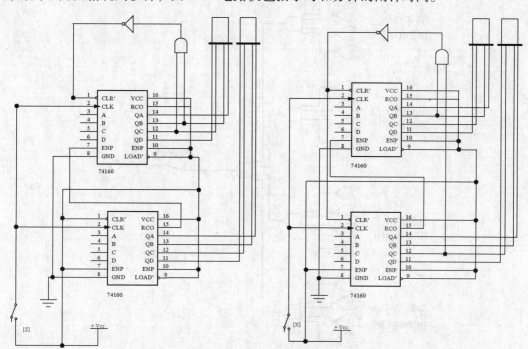

图4-8 闹钟时间部分的电路实现

2. 判定相等及闹铃部分

要判定当前时间与闹钟时间是否相等，只需把计时模块的输出和闹钟时间部分的输出一起作为输入，是否相等（逻辑1或0）作为输出，画出卡诺图，即可获得判定相等部分的逻辑表达式及其相应的电路图。由于输入较多，所画的卡诺图比较复杂，这里介绍一种比较简单的电路设计方法：由于判定的依据是两个时间相等，即两个时间电路的74160的所有输出均各自相等。因此只需把两个时间电路的所有输出各自进行比较，然后相与，即可得到是否相等的逻辑输出。把这个逻辑输出连接到振铃上，即可实现闹铃功能（EWB软件没有振铃，可以采用逻辑灯代替），如图4-9所示。在图4-9的闹铃连接处添加一个开关，可实现闹钟的打开和关闭功能。

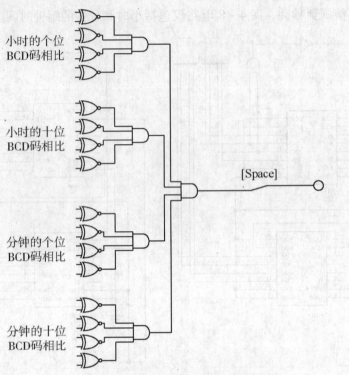

图 4-9 判定相等及闹铃部分的电路实现

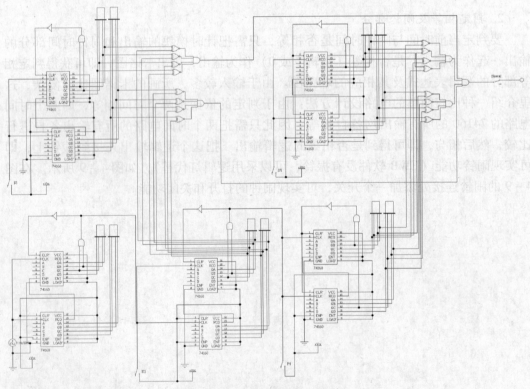

图 4-10 电子闹钟的总电路

4.6 附录

元件清单（见表4-2）。

表4-2 元件清单

类型或型号	数量
74160	10
解码型七段数码管	10
开关	5
时钟信号（方波发生器）	1
门电路	若干

参考文献

［1］马忠梅．单片机的C语言应用程序设计［M］．北京：北京航空航天大学出版社，2003．

［2］张毅刚．新编MCS51单片机应用设计［M］．哈尔滨：哈尔滨工业大学出版社，2006．

［3］谭浩强．C程序设计［M］．北京：清华大学出版社，1999．

［4］胡烨，姚鹏翼，江思敏．Protel 99 SE电路设计与仿真教程［M］．北京：机械工业出版社，2005．

［5］童诗白，华成英．模拟电子技术基础［M］．北京：高等教育出版社，2001．

［6］龚沛曾，陆慰民，杨志强．Visual Basic程序设计简明教程（第二版）［M］．北京：高等教育出版社，2003．

第 5 章 声控楼道延时照明开关的制作

5.1 设计概述

本制作旨在完成一个日常生活中常见的声控楼道延时开关。白天,自然光通过对电路中光敏电阻的作用使楼道开关处于断开状态;晚上,开关受声音触发而导通一段时间,使楼道灯亮一会儿后熄灭。通过完成本制作,使学生了解声控楼道灯的基本知识,了解常用的电子元件的参数和选型,熟悉弱电控制强电的一般方法,掌握电路元器件装配和对故障的诊断和排除的一般方法。

5.2 实验条件

(1) 基本工具:电烙铁、尖嘴钳、斜口钳、镊子、小刀等。
(2) 调试工具:万用表、示波器(可选)、信号发生器(可选)等。

5.3 电路原理

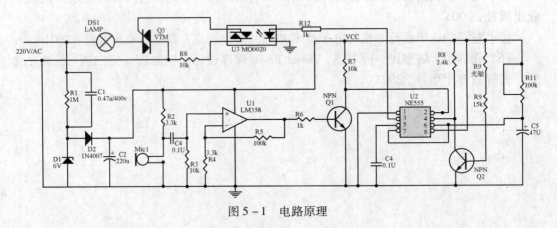

图 5-1 电路原理

原理电路如图 5-1 所示,该开关电路由电源、声电转换、信号放大、单稳态触发及延时、光敏屏蔽、晶闸管开关等部分构成。

利用 C1 在 50Hz 交流信号频率下产生的容抗来限制最大工作电流,1μF 的电容工作频率为 50Hz 时容抗约为 3180Ω。当 220V 的交流电压加在电容器的两端,则流过电容的最大电流约为 70mA,虽然流过电容的电流有 70mA,但在电容器上并不产生功耗,因为如果电容是一个理想电容,它所吸收的平均功率为 0(只吸收无功功率)。因此,阻容降压实际上是利用容抗限流，而电容器实际上起到一个限制电流和动态分配电容器和负载两端电压的角色。电源被切断时，与电容并联的电阻 R1 保证 C1 的电荷在一定时间内被泄放。在对 C1 元件选型时，应采用无极性电容，绝对不能采用电解电容，而且电容的耐压须在 400V 以上，最理想的电容为铁壳油浸电容。D1 是 6V 的稳压管，D2 作用是半波整流，C2 对输出电压进行平滑滤波，在 C2 的正极得到一个近似 6V 的直流电压，该电压为本控制电路元件的工作电压 VCC。用示波器在 D1 上端测得电压应近似为矩形波，交流输入正半周时该点电压约为 6V，交流输入为负半周时，该点电压为 0V。由此亦可看出，电容 C1 实际上起到一个限制电流和动态分配其自身与稳压二极管 D1 电压的作用。

声电转换部分采用驻极体话筒采集语音信号。驻极体话筒具有体积小、结构简单、电声性能好、价格低的特点，属于最常用的电容话筒。如图 5-2 所示，驻极体话筒由声电转换和阻抗变换两部分组成。其中声电转换部分是指驻极体振动膜。它是一片极薄的塑料膜片，在其中一面蒸发上一层纯金薄膜。然后再经过高压电场驻极后，两面分别驻有异性电荷。膜片的蒸金面向外，与金属外壳连接在一起。膜片的另一面与金属极板之间用薄的绝缘衬圈隔离开。这样，蒸金膜与金属极板之间就形成一个电容（图中的 G）。当驻极体膜片遇到声波振动时，引起电容两端的电场发生变化，从而产生了随声波变化而变化的交变电压。驻极体膜片与金属极板之间的电容量比较小，一般为几十 pF。因而它的输出阻抗值很高，约几十 MΩ 以上。这样高的阻抗是不能直接与音频放大器相匹配的。所以在话筒内接入一只结型场效应三极管来进行阻抗变换。场效应管的特点是输入阻抗极高、噪声系数低。两脚驻极体话筒采用漏极输出方式，输出有两根引出线，漏极 D 线和源极 S 线，其中源极 S 线直接与金属外壳接一起。因此，在使用驻极体话筒之前首先要对其进行极性的判别。由于内部有场效应管，在应用时我们需要将驻极体话筒的非外壳脚（即内部场效应管的 D 极）通过电阻接直流电源正极，与金属外壳相连的脚（即内部场效应管的 S 极）接电源地。当麦克风的薄膜收到声音信号的震动时，内部电容产生变化，导致电容两端电压变化（电容两面有异性电荷），该变化的电压控制 DS 的导通能力，使导通电流发生变化，变化的电流通过电阻 R 转变成输出电压的变化，即语音信号。在原理电路中语音信号通过 C3 耦合到放大电路。

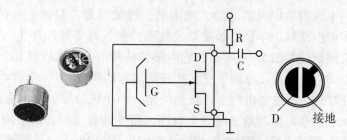

图 5-2 驻极体话筒及其内部结构

U1、R3、R4、R5 构成声音信号放大电路。U1 是运算放大器，这里采用 LM358，其引脚如图 5-3 所示。LM358 内部包括有两个独立的、高增益、内部频率补偿的双运算放大器，适合于电源电压范围很宽的单电源使用，也适用于双电源工作模式。它的使用范围包括传感放大器、直流增益模块和其他所有可使用单电源供电的运算放大器的场合。在图 5-3 中，LM358 及其外围电路构成一个同相放大器，放大倍数 A = 1 + R3/R4，约合 34 倍。在静态时（无声音信号输入），电容电流为 0，R3 电流为 0（理想运放输入电阻无穷大），则 R3 的支路电压为 0，LM358 同相输入电压故也为 0，故 LM358 输出电压为 0。当有声音信号输入时，声音信号经 C3 耦合到 LM358 同相输入端，LM358 对其放大 34 倍后通过 R6 输出到 Q1 的基极。

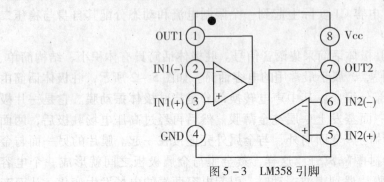

图 5-3 LM358 引脚

Q1 和 R7 构成一个反相器。无声音信号时，Q1 基极输入电压为 0，集电极及发射极间等效于断开，R7 几乎无电流经过（NE555 的 2 脚输入电阻很大，几乎不吸收电流），因此 Q1 集电极电压为高电平。当声音信号到达，三极管基极有高电平触发，使得 Q1 饱和导通，集电极和发射极电压几乎相等，NE555 的 2 脚获得低电平。

NE555、C4、C5、R8、R9、R10、R11、Q2 构成单稳态触发电路及光敏屏蔽电路。其中 NE555 是该部分电路的核心，我们先从其 4 脚的复位信号说起。

R8、R9、R10、Q2 控制着 NE555 的 4 脚（复位端）电平。其中，R9 是光敏电阻，受光照下的阻值≤小于或等与 2kΩ，晚上其暗电阻≥大于或等于 0.1MΩ。白天，光敏电阻阻值很小，R9、R10 阻值之和不大，Q2 管可获得足够的基极电流，近百倍于基极电流的集电极电流在 R8 上产生压降，使得 4 脚的电平为逻辑低电平，NE555 此时处于复位状态，3 脚输出为低。晚上，光敏电阻阻值很大，Q2 得不到足够的基极电流，集电极电流非常微弱，电阻 R8 的支路电压很小，4 脚电平为高电平，处于工作状态。

NE555 是一个八脚的定时器芯片，成本低，性能可靠，只需要外接几个电阻、电容就可以实现多谐振荡器、单稳态触发器及施密特触发器等脉冲产生与变换电路。555 定时器的内部电路框图如图 5-4 所示。它内部包括两个电压比较器 C1、C2，三个等值串联电阻，一个 RS 触发器（由两个交叉相连的与非门构成），一个放电管 T 及功率输出级。555 定时器的功能主要由两个比较器决定。两个比较器的输出电压控制 RS 触发器和放电管的状态。在电源与地之间加上电压，当 5 脚悬空时，则电压比较器 C1 的同相输入端的电压为 2VCC/3，C2 的反相输入端的电压为 VCC/3。若触发输入端 TR 的电压小于 VCC/3，则比较器 C2 的输出为 0，可使 RS 触发器置 1，使输出端 OUT = 1。如果阈值输入端 TH 的电压大于 2VCC/3，同时 TR 端的电压大于 VCC/3，则 C1 的输出为 0，C2 的输出为 1，可将 RS 触发器置 0，使输出为低电平。

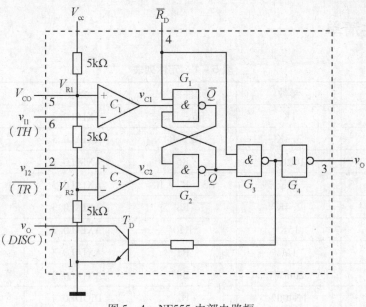

图 5-4 NE555 内部电路框

在本电路中，NE555 及其外围电路构成一个单稳态触发器。如前所述，在晚上，光控电路置 4 脚电平为高。当声控信号到达时，NE555 的 2 脚获得低电平信号，使得 NE555 内部比较器 C2 为输出低电平，G2 从而输出高电平，G3 输出低电平（关断内部 Tp），G4 输出高电平驱动光电耦合器 MO0020。同时，由于触发信号使得 Tp 被关断，及电容器 C5 的接地通路（C5 与 7 脚是相连的，G3 输出高时 7 脚相当于接地）被断开，电源通过 R11 对 C5 充电。充电速度受 R11 阻值及 C5 大小的而定，R11 越大，充电电流越小，充电速度越慢；C5 越大，电压上升越慢。当 C5 电压达到 2VCC/3 时，NE555 的 6 脚得到大于 2VCC 的电压/3，使得内部 C1 输出低电平。该低电平使得 RS 触发器复位，G3 输出高电平，G4 输出低电平，G3 输出的高电平会使得内部 Tp 导通，电容放电进入稳态。下一次 2 脚低电平到来时，重复此过程。简单地说，白天，NE555 的 3 脚输出电压总为 0；晚上，无声控信号时，输出电压也为 0，有声控信号到达时，输出一个持续一段时间的高电平后又回到低电平。该持续时间在数量级上是 RC 乘积的的倍数。

U3、R8、R12 和 Q3 构成晶闸管开关电路，R8、R12 是限流电阻，U3 是光电耦合器，当 NE555 输出高电平时，光耦受控端发光二极管发光，使被控制端导通，从而使得双向可控硅 Q3 导通灯泡点亮。当 NE555 输出低电平时，光耦被控制端相当于开路，可控硅不导通，灯泡熄灭。

5.4 元件清单

表 5-1 元件列表

元件	参数	元件标号	封装	数量
电阻	1K	R6，R12	AXIAL0.3	2
电阻	3.3K	R2，R4	AXIAL0.3	2
电阻	100K，	R5	AXIAL0.3	1
电阻	10K	R3，R7，R8	AXIAL0.3	3
电阻	2.4K	R8	AXIAL0.3	1
电阻	15K	R10	AXIAL0.3	1
电阻	1M	R1	AXIAL0.3	1
光敏电阻	20mW	R9	AXIAL0.3	1
二极管	1N4007	D2	DIODE0.4	1
运放	LM358	U2	DIP8	1
光耦	100mA	U3	DIP4	1
双向可控硅	1A	Q3	TO-220	1
三极管	9013	2	TO-3	2
稳压二极管	6V	D1		1
定时器	NE555	U2	DIP 8	1
电容	0.47u，400V	C1	RAD0.1	1
电容	220u	C2	RAD0.1	1
电容	0.1u	C3，C4		2
电容	47u	C5		1
麦克风	驻极式	Mic1		1
可变电阻	100K	R11	TO-3	1

参考文献

[1] 赵健. 实用声光及无线电遥控电路 300 例 [M]. 北京：中国电力出版社，2005.

[2] 匿名，驻极体话筒 [EB/OL]，2010-8-23，http：// baike. baidu. com/view/1325202. htm? fr = ala01.

[3] 王俊峰，薛鸿德. 现代遥控技术及应用 [M]. 北京：人民邮电出版社，2005.

第6章 机器猫制作

6.1 实践目标

本产品具有机、电、声、光、磁结合的特点,通过制作本产品完成 EDA 实践的全程训练过程,由学生完成从电路原理仿真验证、印制电路板设计制造直到元器件检测、焊接、安装、调试的产品设计制造全过程,达到培养同学们工程实践能力的目的。

6.2 实习产品简介

机器猫电路原理如图 6-1 所示。

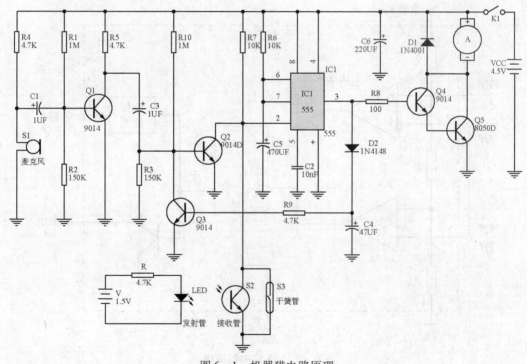

图 6-1 机器猫电路原理

6.2.1 工作条件

图 6-1 所示为机器猫的电路,它是声控、光控、磁控机电一体化电动玩具。主要工作原理:利用 555 构成的单稳态触发器,在三种不同的控制方法下,均给以低电平

触发,促使电机转动,从而达到了机器猫停走的目的。实现拍手即走、光照即走、磁铁靠近即走,但都只是持续一段时间后就停下,再满足其中一条件时将继续行走。

6.2.2 555 构成的单稳态触发电路的工作原理

555 定时器的功能主要由两个比较器 C1 和 C2 决定,比较器的参考电压由分压器提供,在电源和地之间加 V_{CC} 电压,并让 VM 悬空时,上比较器 C1 的参考电压为 $2/3V_{CC}$,下比较器 C2 为 $1/3V_{CC}$。图 6-2 为 555 定时器结构。

单稳态触发器电路平时处于稳定状态(即触发信号未到来时,总是处于一种稳定状态)。在外来触发信号的作用下,它能翻转成新的状态。但这种状态是不稳定的,只能维持一定时间,因而称之为暂稳态(简称暂态)。

暂态时间结束,电路能自动回到原来状态,从而输出一个矩形脉冲,由于这种电路只有一种稳定状态,因而称之为"单稳态触发器",简称"单稳电路"或"单稳"。单稳电路的暂态时间的长短 t_W,与外界触发脉冲无关,仅由电路本身的耦合元件 RC 决定,因此称 RC 为单稳电路的定时元件。$t_W = RC\ln3 \approx 1.1RC$。图 6-3 为单稳态触发电路及其工作波形。本电路工作波形可在软件仿真时观察。

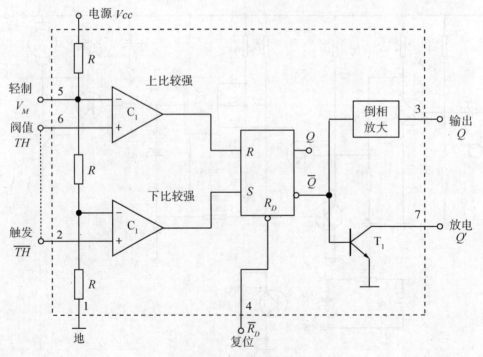

图 6-2 555 定时器结构

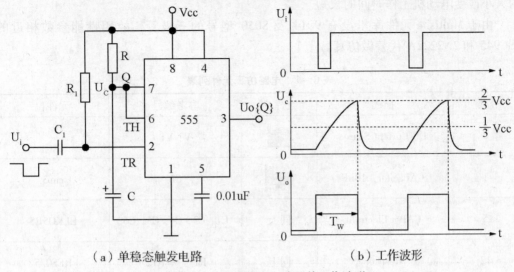

(a) 单稳态触发电路　　　　（b) 工作波形

图 6-3　单稳态触发电路及其工作波形

6.3　原理图设计与仿真（Multisim）

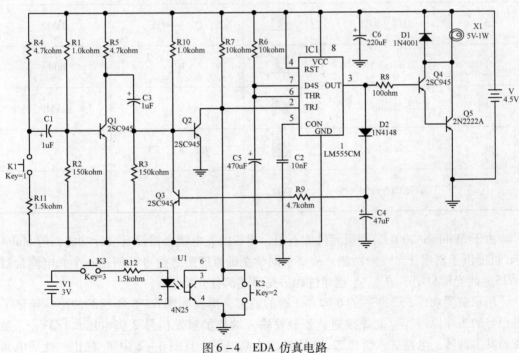

图 6-4　EDA 仿真电路

图 6-4 为机器猫的仿真电路，仿真过程中分别用开关 K1、K2、光耦合器模拟仿真声控、磁控和光控；灯泡代替电动机。每当按下其中一个开关时，灯泡即发光，一段时间后自动熄灭，相当于机器猫的"走—停"过程。可通过调整 C5、R6 各自数值

的大小改变电动机工作时间的长短。

由于 Multisim 元件库里没有 9014 及 8050 型号的三极管,故用性能参数相近的 2SC945 和 2N2222A 代替做仿真。

表 6-1 电路仿真元件列表

数量	描述	库	参考编号	元件包
2	DC Current Source		V, V1	
1	CAPacitor, 10nF		C2	cap3
5	CAP_ Electrolit	同上	C1, C3, C4, C5, C6	ELKO5R5
12	Resistor	同上	R1——R12	RES0.5
4	Connectors	同上	J, J1, J2, J3, J4	HDR1X2(X4)
1	Diode, 1N4001 (4148)		D1, D2	DO-35
5	BJT_ NPN		Q1——Q5	TO92
1	Timer, 555		IC1	M08A
1	Lamp		×1	LAMP
3	Switches		K1, K2, K3	
1	Optocoupler, 4N25		自建	

由于 Multisim 2001 教育版元件库有限,虚拟的光电耦合器没有实际功能,但 Multisim 可提供了创建新元件的功能,故要求同学在画原理图之前自行创建一个光电耦合器 4N25(此光耦只用于仿真)。创建过程另见后述部分介绍。

用示波器观察 555 芯片的 6 脚和 3 脚的波形,得到如图 6-5 所示的波形。验证了单稳态的工作原理即:电源接通,若触发输入端施加触发信号 2 脚电压 $\leq 1/3 V_{CC}$,触发器发生翻转,电路进入暂稳态,3 脚输出为高电平,且图 6-2 中 T_1 截止。此后电源通过电阻 R_6 向电容 C_5 充电,当 V_{C5} 上升到 $2/3 V_{CC}$ 时,触发器复位,3 脚输出为低电平,T_1 导通,电容 C 放电,电路恢复至稳定状态。

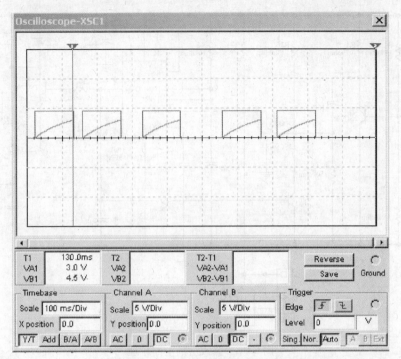

图 6-5 机器猫电路仿真波形

6.4 印制板设计（Ultiboard）

在此只提供 Ultiboard 2001 软件的具体操作步骤，也可尝试其他印制板设计软件，如：Protel、Orcad 等。

为了向 Ultiboard 2001 印制板设计软件传送数据，在绘制仿真原理图时应该注意：所有元件均应采用真实元件否则无法传送；电源/信号源类元件均为虚拟元件实际需要外接，均应取用连接器作为印制板上的输入输出端子；Multisim 向 Ultiboard 传送后应注意检查是否缺少元件；Multisim 2001 的 msm 文件名请采用英文；设计印制板之前电路图需做些修改，将不在印制板上的元件删除，如图 6-6 所示。

Multisim 电路图中有些真实元件的封装在 Ultiboard 中没有或者不正确，需要预先创建或在 Multisim 中改变元件的封装，如图 6-6 中的五个三极管，在建立电路图前应先确定正确的封装。

具体操作步骤：双击三极管，点击 Edit Footprint（编辑元件封装）按钮，参照图 6-7 在 Package Type 项中将封装类型改为 TO92，并将 E、B、C 的 Footprint Pins 改为 E→1，B→2，C→3 的引脚顺序，然后选择 OK 即可。

个别电解电容也存在此问题，如 C1、C6 需要更改一下 1、2 引脚的顺序，具体步骤同上。但由于某些同学使用的软件还未更新，才会出现此问题，大部分还是正确的。555 芯片封装可在 Ultiboard 2001 中修改为 DIP8，也比较简便。具体步骤会在后面给出。

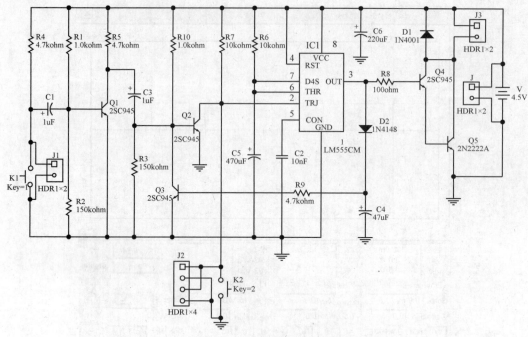

图6-6 修改后的电路原理

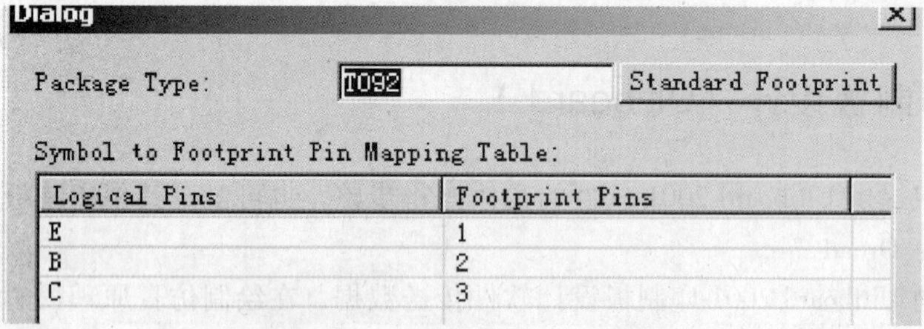

图6-7 确定三极管的封装

利用 Multisim 2001 完成电路原理图的设计、绘制和仿真后利用传输功能将数据传到 Ultiboard 2001 会自动建立一个项目。

注意传送目录应使用 Ultiboard 2001 的工作目录一般为 UB 2001。

请选择线宽 30mil，避让距离 10mil。利用 Place 菜单中的命令（如 Shape/Rectangle）在 Board Outline 层定义印制板的形状（封闭曲线），要求印制板不大于 82 *55mm。

根据需要设定设计规则，示例中主要考虑使用 Tools 菜单的 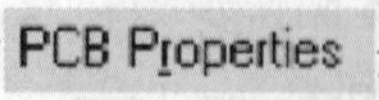 PCB Properties 选 Board Settings 页，Layer 1 选择成对板层对数量为 1，Single Layer Top 0 Bottom 0 分别

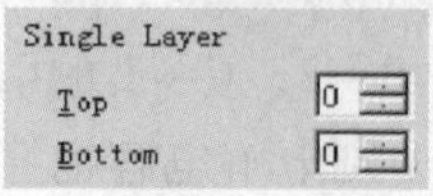

选择上面和底面单个板层数量为0，Inner 0 显示内电层数量为0；

Allow Top Layer ☑ Bottom Layer ☑ 均选中允许两个基本布线层。

选中 IC1（555 芯片），执行 Tools/Change Footprint/IC/DIP 命令，将其封装改为 DIP8。

设置单位制和格点，使用 Tools 菜单的 PCB Properties 选 Grid & units 页。在 Units 区域的 Design mil 设置图纸的单位为英制单位 mil。在 Grids 区域，Visible grid 25.00000 设置可视格点距离为 25mil；Component grid 50.00000 设置元件摆放格点距离为 50mil，Grid 25.00000 设置光标格点距离，即光标移动一步距离为 25mil。

参照原理图移动元件形成布局图，使用 Autoroute/place 菜单的 Internal Rip – up and Retry 命令进入内置拆线 – 重试自动布线器窗口，直接选 Route! 命令开始布线，程序会自动打开布线策略选择窗口，按 OK 钮开始自动布线，可以观察到双面自动布线效果。

关掉拆线 – 重试自动布线器并选 NO，不传输数据，再重新进入拆线 – 重试自动布线器窗口，使用 Parameters 菜单的 Costing Parameters 命令，选中代价参数设定窗口左上角的一个板层名 Top 再按右侧的 Edit layers 按钮，就会显示窗口，不选中 Routable，禁止上面板层自动布线。选命令开始布线，程序会自动打开布线策略选择窗口，按 OK 钮开始自动布线，可以观察到单面自动布线效果如图 6 – 8 所示。

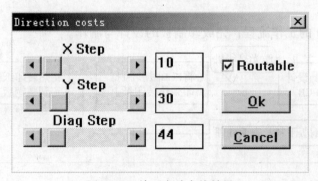

图 6 – 8　单面自动布线效果

注意，使用 Tools/Copper Delete/All Copper 命令可以删除所有布线和导通孔，使用 File/ IMPORT/Netlist 命令可以重新调入网络表进行 DRC 检查。完成自动布线后可做手工调整，双击焊盘或连线即可修改：加粗线宽、加大焊盘、改变引线走向等，使印制板具有工艺性。

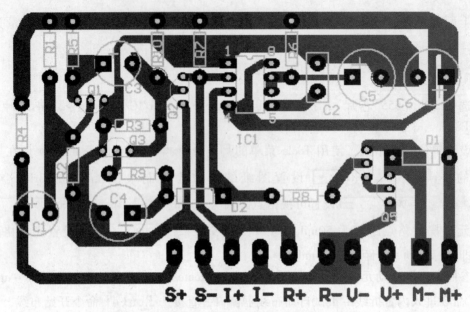

图 6-9 机器猫印制板参考

6.5 制作工艺

6.5.1 印制板制作

图 6-9 为印制板参考，可根据电路原理图自行设计印制板。印制板要求自己制作。

参照图 6-10 的工作流程，完成印制板的设计与制作。

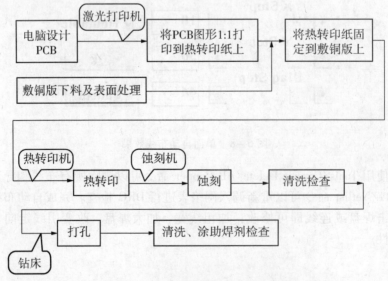

图 6-10 热转印法制板工艺流程

6.5.2 印制板的安装

6.5.2.1 元器件检测
全部元器件安装前必须进行测试（见表 6-2）。

6.5.2.2 印制板焊接
按图 6-9 所示位置，将元器件全部卧式焊接（参见图 6-11）注意二极管、三极管及电解电容的极性。

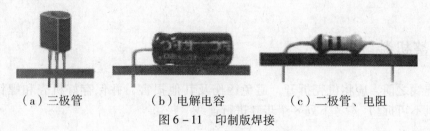

（a）三极管　　　　（b）电解电容　　　　（c）二极管、电阻

图 6-11　印制版焊接

表 6-2　元器件检测

元器件名称	测试内容及要求
电阻	阻值是否合格
二极管	正向导通，反向截至。极性标志是否正确（注：有色环的一边为负极性）
三极管	判断极性及类型：8050、9014（D）为 NPN 型 β 值大于 200。
电解电容	是否漏电　　　　　　　　　　　　漏电流小 极性是否正确　　　　　　　　　　极性正确
光敏三极管（红外接收管）	由两个 PN 结组成，它的发射极具有光敏特性。它的集电极则与普通晶体管一样，可以获得电流增益，但基极一般没有引线。光敏三极管有放大作用，如右图所示。当遇到光照时，C、E 两极导通。测量时红表笔接 C。
干簧管（舌簧开关）	由一对磁性材料制造的弹性舌簧组成，密封于玻璃管中，舌簧端面互叠留有一条细间隙，触点镀有一层贵金属，使开关具有稳定的特性和延长使用寿命。当恒磁铁或线圈产生的磁场施加于开关上时，开关两个舌簧磁化，若生成的磁场吸引力克服了舌簧的弹性产生的阻力，舌簧被吸引力作用接触导通，即电路闭合。一旦磁场力消除，舌簧因弹力作用又重新分开，即电路断开。我们所用的干簧管属常开型。

续表 6-2

元器件名称	测试内容及要求
麦克风（声敏传感器）	是将感应到的声音或振动转化为电信号，外围负，用屏蔽线焊接。

6.6 整机装配与调试

在连线之前，应将机壳拆开，避免烫伤及其他损害，并保存好机壳和螺钉。（注意：电机不可拆！）参考下列 8 个步骤进行连线。

表 6-3 J1～J6 的长度参考材料列表

名 称	代表字符	名 称	代表字符	名 称	代表字符
电动机	M	麦克风（声控）	S	红外接收（光控）	I
电 源	V	干簧管（磁控）	R		

（1）电动机：打开机壳，电动机（黑色）已固定在机壳底部。电动机负极与电池负极有一根连线，改装电路，将连在电池负极的一端焊下来，改接至线路板的"电动机-"（M-），由电动机正端引一根线 J1 到印制板上的"电动机+"（M+）。音乐芯片连接在电池负极的那一端改接至电动机的负极，使其在猫行走的时候才发出叫声。

（2）电源：由电池负极引一根线 J2 到印制板上的"电源-"（V-）。"电源+"（V+）与"电机+"（M+）相连，不用单独再接。

（3）磁控：由印制板上的"磁控+、-"（R+、R-）引两根线 J3、J4，分别搭焊在干簧管（磁敏传感器）两腿，放在猫后部，应贴紧机壳，便于控制。干簧管没有极性。

（4）红外接收管（白色）：由印制板上的"光控+、-"（I+、I-）引两根线 J5、J6 搭焊到红外接收管的两个管腿上，其中一条管腿套上热缩管，以免短路，导致打开开关后猫一直走个不停。红外接收管放在猫眼睛的一侧并固定住。应注意的是：红外接收管的长腿应接在"I-"上。

（5）声控部分：屏蔽线两头脱线，一端分正负（中间为正，外围为负）焊到印制板上的 S+、S-；另一端分别贴焊在麦克风（声敏传感器）的两个焊点上，但要注意极性，且麦克易损坏，焊接时间不要过长。焊接完后麦克安在猫前胸。

（6）通电前检查元器件焊接及连线是否有误，以免造成短路，烧毁电机发生危险。尤其注意在装入电池前测量"电源-"（V-）、"电源+"间是否短路，并注意电池极性。

（7）静态工作点参考值（见表 6-4）。

表6-4 静态工作点参考值

代号	型号	静态参考电压		
		E	B	C
Q1	9014	0V	0.5V	4V
Q2	9014D	0V	0.6V	3.6V
Q3	9014	0V	0.4V	0.5V
Q4	9014	0V	0V	4.5V
Q5	8050D	0V	0V	4.5V
IC1	555	1：0V	2：3.8V	3：0V
		4：4.5V	5：3V	6：0V
		7：0V	8：4.5V	

8）组装：简单测试完成后再组装机壳，注意螺钉不宜拧得过紧，以免塑料外壳损坏。装好后，分别进行声控、光控、磁控测试，均有"走——停"过程即算合格。

完成的机器猫重装效果如图6-12所示。

图6-12 机器猫完成效果

6.7 机器猫制作材料清单（见表6-5）

表6-5 机器猫制作材料清单

序号	代号	名称	规格及型号	数量
1	R1，R10	电阻	1MΩ	2
2	R2，R3	电阻	150KΩ	2
3	R4，R5，R9	电阻	4.7KΩ	3
4	R6，R7	电阻	10KΩ	2
5	R8	电阻	100Ω	1
6	C1，C3	电解电容	1μF/10V	2

续表 6-5

序号	代号	名称	规格及型号	数量
7	C2	瓷介电容	10nF	1
8	C4	电解电容	47μF/10V	1
9	C5	电解电容	470μF/10V	1
10	C6	电解电容	220μF/10V	1
11	D1	二极管	1N4001	1
12	D2	稳压二极管	1N4148	1
13	Q1，Q3，Q4	三极管	9014（NPN）	3
14	Q2	三极管	9014D（NPN）	1
15	Q5	三极管	8050D（NPN）	1
16	IC1	集成电路	555	1
17	S1	声敏传感器	Sound control	1
18	S2	红外接收管	Infrared	1
19	S3	磁敏传感器	Reed switch	1
20	JX	连接线	φ0.12，70cm J1—J4：10cm J5、J6：15cm	1
21		屏蔽线	15cm	1
22		热缩套管	3cm	1
23		外壳（含电动机）		1
24		线路板	82mm×55mm	1

6.8 创建光电耦合器 4N25

Multisim 2001 提供了多种编辑仿真元件的方法，点击设计工作栏上的按钮，出现如图 6-13 所示的菜单。

图 6-13 编辑仿真元件的方法

我们采用 Create Component 命令，创建一个新元件。点击后出现图 6-14 所示对话框：

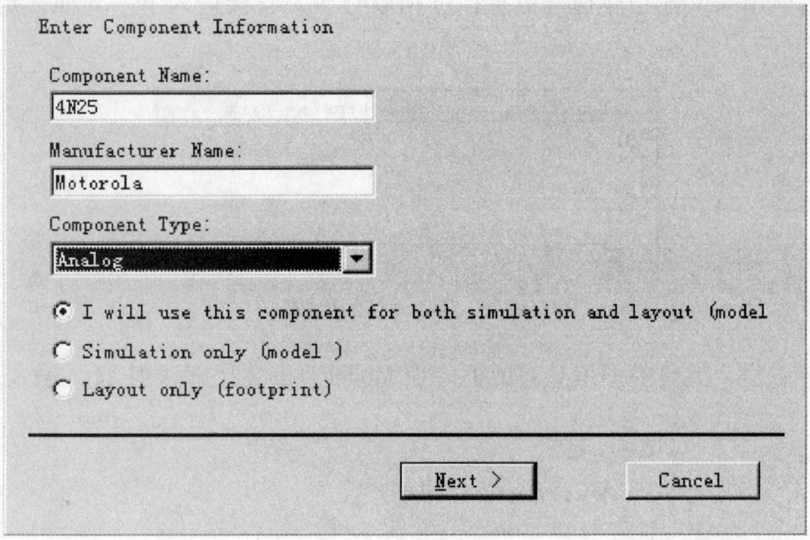

第6章 机器猫制作

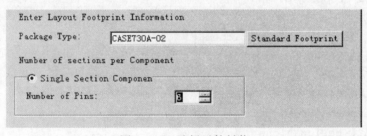

图 6-14 创建新元件

填好元件名称、制造商，选择模拟器件后按 NEXT，进入图 6-15 所示对话框：

图 6-15 选择元件封装

按钮选择元件封装类型，此元件为一单包装元件，指定元件引脚数。按 Next > 钮进入图 6-16 所示对话框：

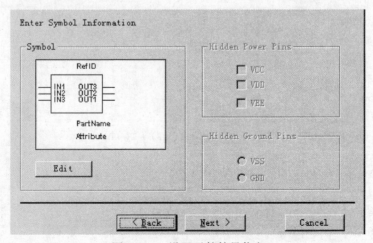

图 6-16 设置元件符号信息

97

该对话框用来设置元件符号信息,可稍候再改,直接进入下一界面,定义元件的引脚,如图6-17所示:

Symbol Pins	Footprint Pins
IN1	1
IN2	2
IN3	3
OUT1	4
OUT2	5
OUT3	6

图6-17 元件的引脚

Next>,进入元件模型信息对话框,在 Model Data 栏中直接定义,输入下列语句:

```
.SUBCKT 4n25 1 2 3 4 5
* Model Generated by MODPEX *
* Copyright(c) Symmetry Design Systems *
* All Rights Reserved *
* UNPUBLISHED LICENSED SOFTWARE *
* Contains Proprietary Information *
* Which is The Property of *
* SYMMETRY OR ITS LICENSORS *
* Commercial Use or Resale Restricted *
* by Symmetry License Agreement *
* Model generated on Sep 8, 97
* MODEL FORMAT: SPICE3
* Optocoupler macro model
* External node designations
* Node 1 -> DA
* Node 2 -> DK
* Node 3 -> QC
* Node 4 -> QB
* Node 5 -> QE
DIN 1 6 dmodel
VT 6 2 0
CIO 1 3 1e-12
QOUT 3 4 5 qmodel
RFX 5 4 1e9
BFX 5 4 I = 0 +0.00091067*I(VT) +1.2307*I(VT)*I(VT)
* Default values used in dmodel:
* TT = 0 BV = infinite
.MODEL dmodel d
+ IS = 1.4174e-12 RS = 1.77049 N = 1.96012 XTI = 4
+ EG = 1.50946 CJO = 1e-11 VJ = 0.75 M = 0.5 FC = 0.5
.MODEL qmodel npn
```

+ IS = 2.04341e − 10 BF = 1000 NF = 1.04784 VAF = 74.9441
+ IKF = 0.0207989 ISE = 1e − 08 NE = 4 BR = 0.1
+ NR = 1.5 VAR = 1.1341 IKR = 0.207989 ISC = 9.99193e − 14
+ NC = 2.00279 RB = 10 IRB = 0.2 RBM = 10
+ RE = 4.57626 RC = 100 XTB = 0.1 XTI = 2.77723 EG = 0.1
+ CJE = 9.76772e − 12 VJE = 0.4 MJE = 0.180481 TF = 1.00004e − 09
+ XTF = 1 VTF = 10 ITF = 0.01 CJC = 1.96829e − 11
+ VJC = 0.59397 MJC = 0.415235 XCJC = 0.9 FC = 0.5
+ TR = 1e − 07 PTF = 0 KF = 0 AF = 1
.ENDS 4n25

至此 4N25 模型已基本建成，点击 Finish 按钮显现出元件属性对话框如图 6 − 18 所示：

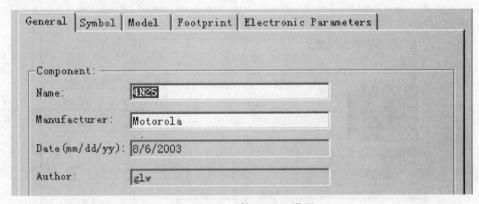

图 6 − 18 元件 Symbol 设置

选择元件符号页 Symbol，改变 4N25 的模型。按 Select from DB 按钮，出现图 6 − 19 对话框，选择合适元件模型。此方法比自己画图快捷。

图 6 − 19 选择元件模型

Select 确定后按 **Edit** 钮进入符号编辑器添加引脚名后存盘退出,如图 6-20 所示:

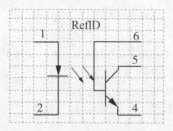

图 6-20 添加引脚名

在 Model 页按图 6-21 所示定义元件外部引脚名称。

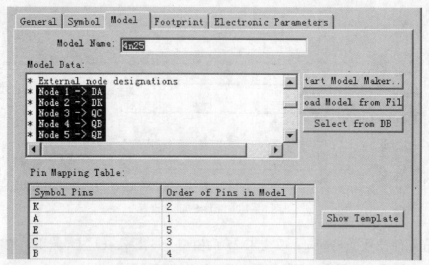

图 6-21 定义元件外部引脚名称

Footprint 页为设置元器件的封装与引脚间的对应关系,按照图 6-22 所示定义:

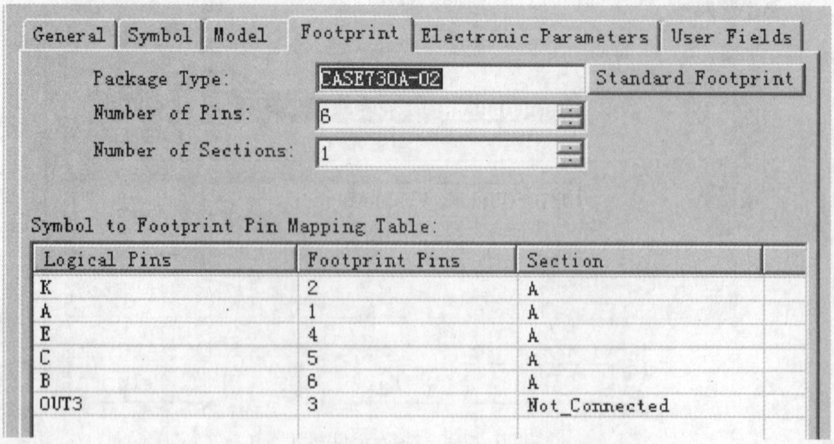

图 6-22 元器件封装与引脚间的对应关系

最后一页 Electronic Parameters 为元件的电气参数，按图 6－23 所示填写。

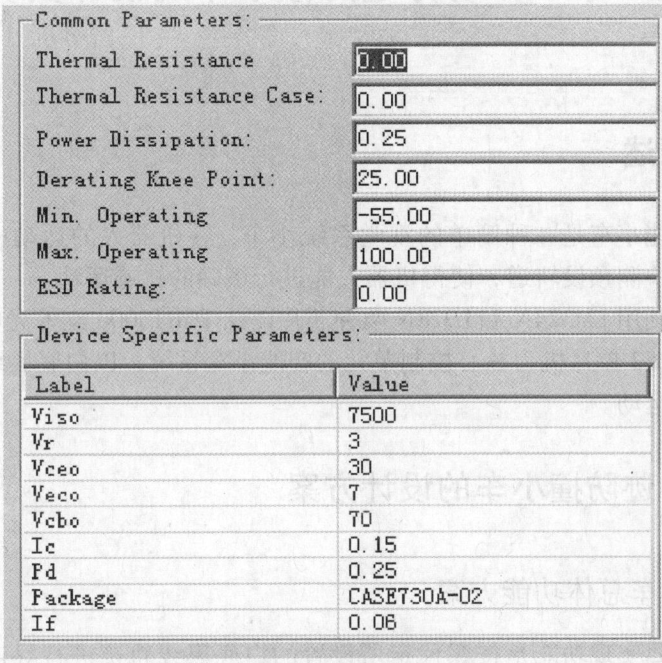

Common Parameters:
Thermal Resistance
0.00
Thermal Resistance Case:
0.00
Power Dissipation:
0.25
Derating Knee Point:
25.00
Min. Operating
-55.00
Max. Operating
100.00
ESD Rating:
0.00
Device Specific Parameters:
Label
Value
Viso
7500
Vr
3
Vceo
30
Veco
7
Vcbo
70
Ic
0.15
Pd
0.25
Package
CASE730A-02
If
0.06

图 6－23　元件的电气参数设置

该元件的所有参数都已设定完毕，最后保存在 user 库中即可。图 6－24 即为所创建的光电耦合器 4N25。调用该元件时，用 Place/Place component 命令，由 user 库中调出。

U1
1
6
5
2
4
4N25

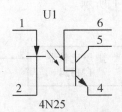

图 6－24　创建的光电耦合器 4N25

参考文献

[1] EDA 实践补充教材——机器猫．内部讲义．清华大学电子实习基地，2004.

第7章 自动寻迹防撞小车的设计实现

7.1 设计概述

自动寻迹智能小车是一种简单的视觉系统小车,在机器人的运动中起到了关键的作用。通过不断检测预设轨道,使得机器人能进行精确的轨迹运动。

该小车基于利用 LM324N 和 L928N 两种芯片以及 TCRT5000 红外光电传感器的功能特性,以 STC89C52 单片机为核心控制单元的智能小车系统,以白底黑线的轨迹线作为引导,实现寻迹运动。

7.2 自动寻迹防撞小车的设计方案

7.2.1 智能小车总体功能方案

本设计的主要实现功能是按照预定所设置的白底黑线轨迹进行寻迹行走,在运行过程中遇到障碍物时停止运行并利用蜂鸣器及 LED 灯发出警报信号。利用 TCRT5000 红外光电传感器检测黑白线,当检测到的信号通过电压比较器运算后,输入 STC89C52 单片机进行处理,再由单片机输出信号到电机驱动模块控制直流电机 L 和直流电机 R 的运转。

该设计系统实现方案如图 7-1 所示。

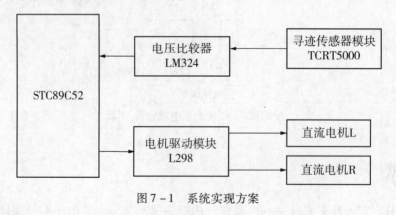

图 7-1 系统实现方案

7.2.2 硬件方案

本设计的硬件设计分为三部分,分别是传感器模块、电机驱动模块、单片机系统。

7.2.2.1 传感器方案

本设计的传感器模块选用的是 TCRT5000 红外光电传感器。一共利用 5 个 TCRT5000 传感器,其中两个传感器作为探测黑白线轨迹的寻迹传感器,其余三个 TCRT5000 传感器用做探测前方是否存在障碍物,并与 LM324N 芯片相连,进行电压比较,输出量为开光量。关于 TCRT5000 传感器以及 LM324N 芯片将在本章 7.3 节详细介绍。

7.2.2.2 电机驱动模块

本设计的电机传感模块选用的是 L298 芯片。L298 通过与肖基特二极管的组合与两直流电机相连。L298 与单片机 IO 口连接,通过接收单片机输出的信号从而对电机工作进行控制。关于 L298N 芯片将在本章 7.3 节详细介绍。

7.2.2.3 单片机系统

本设计的单片机系统选用的是 STC89C52 的单片机系统,通过 STC89C52 与 12M 的 RC 电路以及复位电路的连接,构成单片机的最小系统,作为本设计的单片机核心控制单元。

7.2.3 软件方案

本设计的小车运动控制由 TCRT5000 传感器探测到的信号控制,以传感器所检测到的信号输入单片 I/O 口,再由 I/O 口输出相应信号控制单片机,本设计程序由 C 语言编写。具体流程如图 7-2 所示。

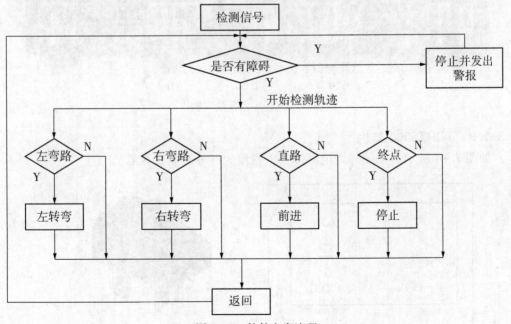

图 7-2 软件方案流程

7.3 硬件设计与描述

7.3.1 TCRT5000 传感模块介绍

7.3.1.1 TCRT5000 传感模块

TCRT5000 传感器模块是基于 TCRT5000 红外光电传感器设计的一款红外放射式光电开关，传感器采用高发射功率红外光电二极管和高灵敏光电晶体管组成，输出信号通过 LM324 处理后为 TTL 信号，可与单片机直接连接。b、d 端用于黑白线寻迹用，a、c、e 端用与防撞检测用，如图 7-3 所示。

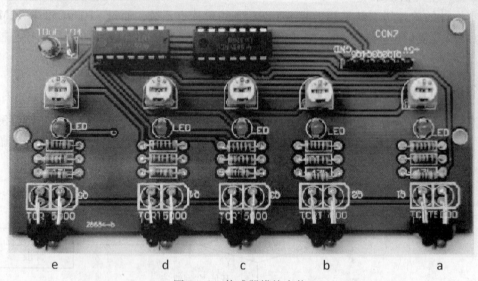

图 7-3 传感器模块实物

7.3.1.2 TCRT5000 结构

如图 7-4 所示，左端为光电晶体管，右侧为红外光电二极管。

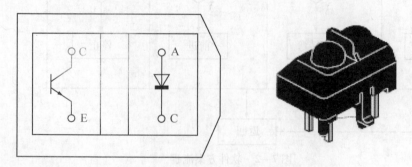

图 7-4 TCRT5000 内部结构及外观

7.3.1.3 IC_LM324 介绍

LM324 是四运放集成电路,内部包含四组形式完全相同的运算放大器,除电源共用处,四组运放相互独立,LM324 内有 4 个运算放大器,并有相位补偿电路,其内部结构及引脚功能如图 7-5 所示,耗电低,可用正电源或正负双电源工作,电源电压范围宽,输入电压范围大。用途广泛,可代替许多不同厂家的同类型产品,本设计所用作电压比较器。

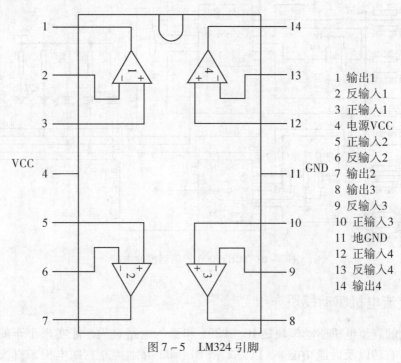

图 7-5 LM324 引脚

7.3.1.4 TCRT5000 传感器模块工作原理

TCRT5000 传感器的红外发射二极管不断发射红外线,反射回来接收到的信号会输入到 LM324 进行电压比较。当发射出去的红外线没有被发射回来或者被反射回来但强度不够大时,光敏晶体管一直处于关断状态,此时模块的输出端为低电平,指示灯二极管一直处于熄灭状态;当被检测物体出现在检测范围内时,红外线被反射回来而且强度足够大,光敏晶体管导通,此时模块的输出端为高电平,指示灯二极管被点亮。

利用此特性,通过调节传感器的上拉电阻,达到黑白线寻迹和检测障碍的效果。

7.3.1.5 应用场合

(1) 电度表脉冲数据采集;
(2) 传真机碎纸机纸张检测;
(3) 障碍检测;
(4) 黑白线检测。

7.3.1.6 基本参数

(1) 外形尺寸:长 32～37mm;宽 7.5mm;厚 5mm。
(2) 工作电压:DC 3～5.5V,推荐工作电压为 5V。

(3) 检测距离：1～8mm 使用，焦点距离为 2.5mm。

7.3.1.7 传感器模块电路图

TCRT5000 传感器模块电路如图 7-6 所示。

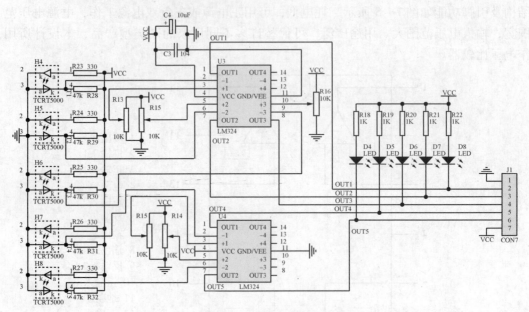

图 7-6 TCRT5000 传感器模块电路

7.3.2 直流电机驱动模块介绍

本设计的直流电机驱动模块是 IC_L298 和稳压电路组成，能实现小车的前进、停止、左转、右转以及后退功能。A1、A2 和 B1、B2 分别接左右两电机。直流电机驱动模块如图 7-7 所示。

图 7-7 驱动模块实物

7.3.2.1 IC_L298 介绍

L298 是双 H 桥高压大电流功率集成电路，直接采用 TTL 逻辑电平控制，可用来驱动继电器、线圈、直流电机、步进电机等电感性负载。每桥的三极管的发射极是连接在一起，相应外接线端可用来连接外设传感电阻。

7.3.2.2 IC_L298 内部结构

L298 为双 H 桥高压大电流功率的集成电路，内部结构如图 7-8 所示。

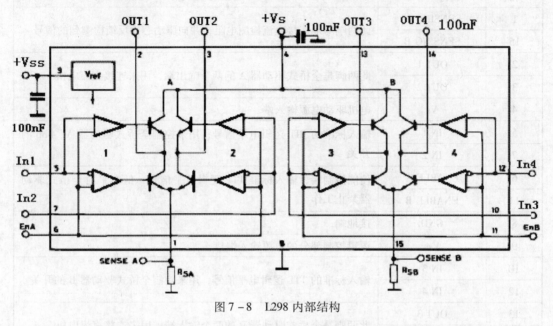

图 7-8 L298 内部结构

L298 引脚，如图 7-9 所示。

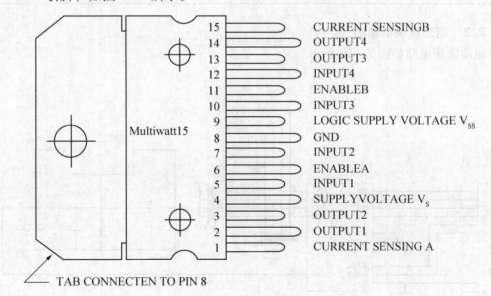

图 7-9 L298 引脚

L298 引脚功能表，见表 7-1。

表 7-1 L298 引脚功能

引脚	符 号	功 能
1	SENSING A	此两端与地连接电流检测电阻，并向驱动芯片反馈检测到的信号
15	SENSING B	
2	OUT 1	此两脚是全桥式驱动器 A 的两个输出端，用来连接直流电机
3	OUT 2	
4	Vs	电机驱动电源输入端
5	IN 1	输入标准的 TTL 逻辑电平信号；用来控制全桥式驱动器 A、bbb 的开关
7	IN 2	
6	ENABLE A	使能控制端，输入标准 TTL 逻辑电平信号；低电平时全桥式驱动器禁止工作
11	ENABLE B	
8	GND	接地端
9	Vss	逻辑控制部分的电源输入端口
10	IN 3	输入标准的 TTL 逻辑电平信号，用来控制全桥式驱动器 B 的开关
12	IN 4	
13	OUT 3	此两脚是全桥式驱动器 B 的两个输入端，用来连接直流电机
14	OUT 4	

7.3.2.3 驱动模块电路图

驱动模块电路如图 7-10 所示。

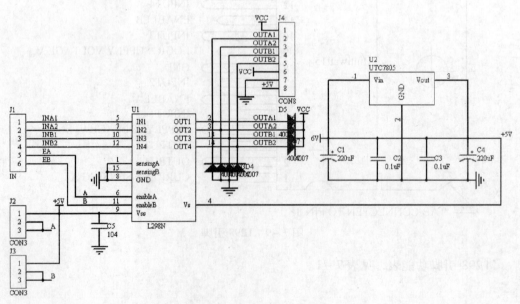

图 7-10 驱动模块电路

7.3.3 STC89C52 单片机系统

7.3.3.1 STC89C52 系统性能

STC89C52 系统性能如下：

（1）增强型 6 时钟/机器周期，12 时钟/机器周期 8051CPU。

（2）工作电压：3.4～5.5V（5V 单片机）。

（3）工作频率范围：0～40MHz，相当于普通 8051 的 0～80Hz。实际工作频率可达 48MHz。

（4）用户应用程序空间为 4kb、8kb、13kb、16kb、20kb、32kb、64kb。

（5）片上集成 1280b、512b RAM。

（6）通用 I/O 口（32/36 个），复位后为：P1、P2、P3、P4，是准双向口、弱上拉。P0 口是开输出，作为总线扩展时用，不用加上上拉电阻，作为 I/O 口用时需加上拉电阻。

（7）ISP（在系统可编程）/IAP（在应用可编程），无需专用编程器。

（8）EEPROM 功能。

（9）看门狗。

（10）共 3 个 16 位定时器/计数器，其中定时器 0 还可以当成 2 个 8 位定时器使用。

（11）外部中断 4 路，下降沿中断或低电平触发中断，Power Down 模式可由外部中断低电平触发中断方式唤醒。

（12）通用异步串行口（UART），还可用定是器软件实现多个 UART。

（13）工作温度范围：0～75℃/-40～85℃。

（14）封装：LQFP-44，PDIP-40，PLCC-44，PQEP-44。

7.3.3.2 芯片引脚排列和说明

STC89C52 单片机有 3 种封装 LQFP-44，PLCC-44，PDIP-40，其中 PDIP-40 封装如图 7-11 所示。

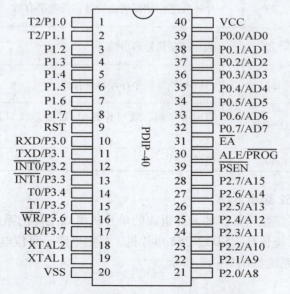

图 7-11 STC89C52 PDIP-40 封装引脚

以下为STC80C52单片机引脚说明，见表7-2。

表7-2　STC89C52引脚说明

引脚名称	引脚编号	描述
P1.0～P1.7	1～8	准双向通用I/O口
RST	9	复位信号输入端
P3.0～P3.7	10～17	多用途端口，既可作地址总线口输出地址高8为，也可按每位定义的第二功能操作
RXD	10	串口输入
TXD	11	串口输出
$\overline{INT0}$	12	中断0
$\overline{INT1}$	13	中断1
T0	14	计数脉冲T0
T1	15	计数脉冲T1
$\overline{WR}$	16	写控制
$\overline{TD}$	17	读控制
XTAL2 XTAL1	18 19	使用内部振荡电路时，用来接石英晶体和电容；使用外部时钟时，用来输入时钟脉冲
Vss	20	接地
P2.0～P2.7	21～28	准双向口，既可作地址总线口输出地址高8位，也可作普通I/O口用
$\overline{PSEN}$	29	片外程序存储器选通信号，低电平有效
ALE/$\overline{PROG}$	30	地址锁存信号输出端
$\overline{EA}$	31	内部和外部程序存储器选择线
P0.7～P0.0	32～39	双向I/O口，既可作地址/数据总线口用，也可作普通I/O口用
Vcc	40	电源+5V

7.3.3.3　STC89C52最小系统

单片机的最小系统是指最少的元件组成的单片机可以工作的系统，对于STC89C52单片机来说，最小系统包括：STC89C52单片机、晶振电路、复位电路。

STC89C52最小系统如图7-12所示。

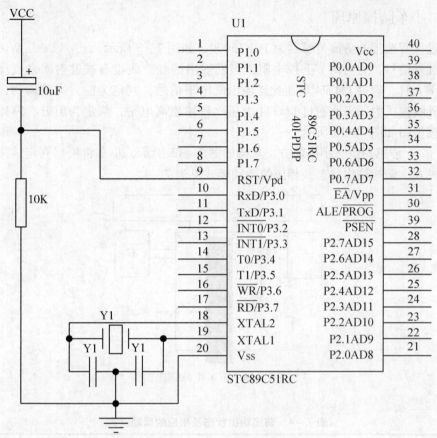

图 7-12　STC89C52 最小系统

7.4　自动寻迹防撞小车工作原理

7.4.1　小车运动原理

本设计共设置了 4 种运动模式，分别是前进、左转、右转、停止。输入状态及相对运动模式见表 7-3。

表 7-3　小车输入状态及相对运动模式

ENA	ENB	左侧电机		右侧电机		运动模式
		A1	A2	B1	B2	
0	0	*	*	*	*	停止
1	1	1	0	1	0	正转
1	1	1	0	0	0	右转
1	1	0	0	1	0	左转

7.4.2 小车防撞原理

本设计所选用的防撞传感器为 TCRT5000,如图 7-3 所示,a、c、e 三路传感器不断发射红外信号,适当调节上拉电阻,当发射出的红外线没有被发射回来或反射回来但强度不大时,通过 LM324 电压比较输出低电平信号,判定为前方无障碍物;当发射出的红外线被反射回来,通过 LM324 电压比较输出高电平,判定为前方有障碍物。小车外观模拟图如图 7-15 所示。

a、c、e 传感器位于小车前方,具体如图 7-13 所示,小车将根据判定结果控制小车运动模式,防撞输出状态及相应的运动模式见表 7-4。

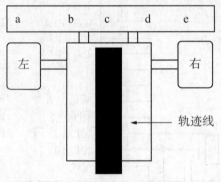

图 7-13 小车外观模拟图

表 7-4 防撞输出状态及相应的运动模式

传感器			判定结果	运动模式
a	c	e		
0	0	0	无障碍物	前进或转向
1	*	*	有障碍物	停止
*	1	*	有障碍物	停止
*	*	1	有障碍物	停止

7.4.3 自动寻迹原理

本设计所选用的寻迹传感器为 TCRT5000,如图 7-3 所示,b、c 二路传感器不断发射红外信号,适当调节上拉电阻,当发射的红外线信号被发射回来后将通过 LM324 电压比较进行计算,当检测到白色线的时候,反射的红外光强度较大,通过 LM324 计算后输出高电平;当检测到黑色线的时候,反射的红外光强度较小,通过 LM324 计算后输出低电平。

b 传感器为小车前方的左侧,d 传感器为小车前方的右侧,具体如图 7-13 所示。小车根据传感器判定结果控制小车的运动模式,传感器输出模式及小车运动模式如表 7-5 所示。

表7-5 寻迹输出模式及小车运动模式

传感器		判定结果	运动模式
b	d		
1	1	直线	前进
1	0	右弯线	右转
0	1	左弯线	左转
0	0	终点	停止

7.5 软件设计与描述

7.5.1 小车系统程序流程

本设计软件设计方面分为三个阶段，分别是检测障碍、寻迹、控制运动三个阶段。第一阶段为检测障碍，当第一阶段检测出前方无障碍物时，进入第二阶段寻迹，否则进入第三阶段控制运动；当第二阶段寻迹探测到想对应的轨迹是，进入第三阶段控制运动。具体程序流程如图7-14所示。

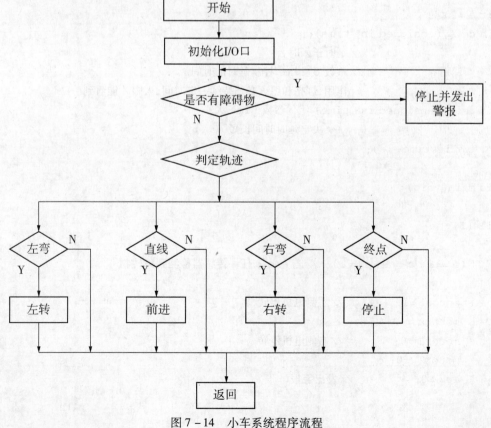

图7-14 小车系统程序流程

7.5.2 程序分析

本设计程序主要用 if 函数作为传感器判断,第一阶段检测障碍用 if 函数判断是否有障碍物,第二阶段寻迹利用 if 函数嵌套到第一阶段的 if 函数中,而第三阶段控制运动直接令 I/O 口置 1 或置 0。

工程名:tracing car

组成文件:tracing car.c; tracing car.lnp; tracing car.M51; tracing car.Uv2; tracing car.LST; tracing car.OBJ; tracing car.plg; tracing car _ Uv2.Bak; tracing car.hex。

具体程序及解释如下:

```c
#include "reg51.h"
sbit motol1 = P1^0;       //定义左侧电机
sbit motol2 = P1^1;
sbit motor1 = P1^2;       //定义右侧电机
sbit motor2 = P1^3;
sbit led = P3^6;          //定义警报系统
sbit a = P3^0;            //定义传感器
sbit b = P3^1;
sbit c = P3^2;
sbit d = P3^3;
sbit e = P3^4;
void delay(unsigned int time);
                          //延时子函时,
                          //参数 d_time 控制延时的时间
                          //作用,灯亮和熄灭必须持续一定时间,人眼才能看到
void delay(unsigned int time)    //参数 time 大小
{                                //决定延时时间长短
    while(time - -);
}
void main(void)
{
while(1)
  {
    if (a ==1||c ==1||e ==1)   //若 a、b、c 任一传感器检测到障碍物
      {
        motol1 =0;      //左侧电机停转
        motol2 = 0;
        motor1 =0;      //右侧电机停转
        motor2 =0;
        led =0;         //发出警报
```

```c
        delay(60000);         //延时,达到 LED 灯闪烁以及蜂鸣片断续警报
        led = 1;

        delay(60000);
}
    else                      //若 a、b、c 都检测不到障碍物
    {                         //嵌套 if 语句
      if(b==1&&d==1)   //若 b、d 都检测到白线信号,即判定该黑线为直线
        {
          motol1 = 1;         //左侧电机运转
          motol2 = 0;
          motor1 = 1;         //右侧电机运转
          motor2 = 0;
          led = 1;            //关闭警报
        }
      else if (b==0&&d==1)    //若 b 检测到黑线信号,d 检测到白线信号
        {                     //即判定为左转弯路线
          motol1 = 0;         //左侧电机停转
          motol2 = 0;
          motor1 = 1;         //右侧电机运转
          motor2 = 0;
          led = 1;            //关闭警报
        }
      else if (b==1&&d==0)    //若 b 检测到白线信号,d 检测到黑线信号
        {                     //即判定为右转弯路线
          motol1 = 1;         //左侧电机运转
          motol2 = 0;
          motor1 = 0;         //右侧电机运转
          motor2 = 0;
          led = 1;            //关闭警报
        }
        else if (b==0&&d==0)  //若 b、d 都检测到黑线信号,即判定终点
        {
          motol1 = 0;         //左侧电机停转
          motol2 = 0;
          motor1 = 0;         //右侧电机停转
          motor2 = 0;
          led = 1;
        }
    }
}
```

7.5.3 小车调试方法

(1) 单独检测电机是否能工作。
(2) 单独检测传感器模块。
(3) 检测零件是否符合电路图解法，个模块供电是否正常。
(4) 遮挡 a、c、e 传感器，观察是否发出警报。
(5) 分别用白纸遮挡 b、d 传感器，观察电机是否按程序元转，若出现异常，利用万用表测输入输出端的电压是否正常，对程序或电路进行相应调整。
(6) 待以上一切测试正常，可放到设计好的地图上运行，若偏离轨道，可适当调试传感器高度或调节上拉电阻。

7.6 小车系统电路

小车系统电路如图 7-15 所示。

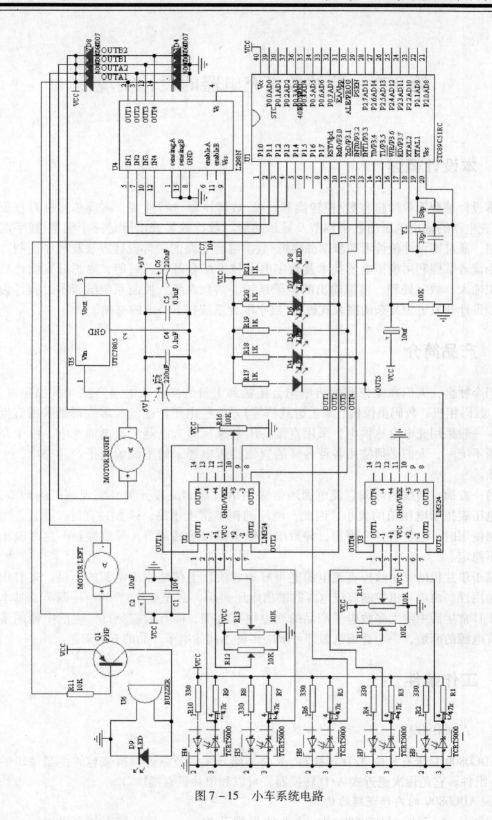

图 7-15 小车系统电路

第 8 章　数控数显充电器的设计实现

8.1　本设计概述

本设计是利用单片机与数/模转换器及模/数转换器进行连接，实现单片机对直流电源/充电器的输出电压的数字调节及显示功能。数控数显充电器是一个模拟/数字混合电路，通过本设计使读者初步掌握模拟/数字混合电路的硬件设计方法及程序控制方法，令读者掌握利用模拟电子技术及数字电子技术综合开发的技能，熟悉开发设计具有模拟输入、数字处理、模拟输出的电子系统、信息系统、控制系统的基本过程，为进一步设计开发更为复杂的嵌入式模拟/数字混合系统打下一定的基础。

8.2　产品简介

当今社会，人们在工作和生活里均会接触到大量的嵌入式电子产品（例如手机、MP4、数码相机、数码摄像机、掌上游戏机等）。这些电子产品绝大多数都是采用直流电源，一般采用充电电池供电，采用直流稳压电源（即充电器）给电池充电。由于充电电压不统一，人们必须使用各种各样的直流稳压电源来给不同的电子产品充电，十分麻烦。

另一方面，传统的可调直流电源通常采用电位器和波段开关来实现电压的调节，并由电压表指示电压值的大小，因此，电压的调整精度不高，读数欠直观。而且，由于长期使用时，电位器容易磨损，导致电压输出难以准确调节，导致接触不良而输出电压不稳定。

基于单片机的家用数控直流电源能很好地解决以上传统直流电源的不足，具有很强的通用性。由单片机控制直流电源的输出电压大小，实现 0～5V 的电压调节，基本包含了日常生活中绝大多数电子产品的充电电压范围，能有效避免日常生活中使用多个直流电源的麻烦，一个直流电源即可解决多种不同的电子产品的充电问题。

8.3　工作条件

8.3.1　ADC0809

ADC0809 是带有 8 位 A/D 转换器、8 路多路开关以及微处理机兼容的控制逻辑的 CMOS 组件。它是逐次逼近式 A/D 转换器，可以和单片机直接接口。

1. ADC0809 的内部逻辑结构

由图 8-1 可知，ADC0809 由一个 8 路模拟开关、一个地址锁存与译码器、一个

A/D 转换器和一个三态输出锁存器组成。多路开关可选通 8 个模拟通道，允许 8 路模拟量分时输入，共用 A/D 转换器进行转换。三态输出锁存器用于锁存 A/D 转换完毕的数字量，当 OE 端为高电平时，才可以从三态输出锁存器取走转换完的数据。

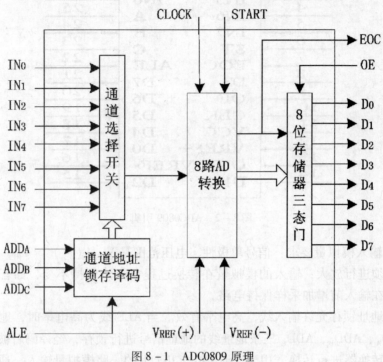

图 8-1 ADC0809 原理

2. ADC0809 引脚结构

表 8-1 ADC0809 引脚说明

符号	引脚说明
D7-D0	8 位数字量输出引脚
IN7-IN0	8 位模拟量输入引脚
VCC	电源正端（+）
GND	地
V_{REF}（+）	参考电压正端
V_{REF}（-）	参考电压负端
START	A/D 转换启动信号输入端
ALE	地址锁存允许信号输入端
EOC	转换结束信号输出引脚，开始转换时为低电平，当转换结束时为高电平
OE	输出允许控制端，用以打开三态数据输出锁存器
CLK	时钟信号输入端（10~1280kHz，典型值为 640kHz）
ADD_A-ADD_C	地址输入线

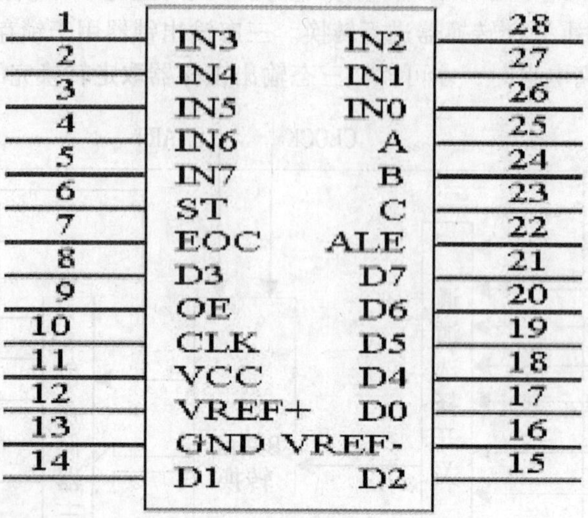

```
   1 ── IN3      IN2 ── 28
   2 ── IN4      IN1 ── 27
   3 ── IN5      IN0 ── 26
   4 ── IN6       A  ── 25
   5 ── IN7       B  ── 24
   6 ── ST        C  ── 23
   7 ── EOC      ALE ── 22
   8 ── D3       D7  ── 21
   9 ── OE       D6  ── 20
  10 ── CLK      D5  ── 19
  11 ── VCC      D4  ── 18
  12 ── VREF+    D0  ── 17
  13 ── GND    VREF- ── 16
  14 ── D1       D2  ── 15
```

图 8-2 ADC0809 引脚

ADC0809 对输入模拟量要求：信号单极性，电压范围是 V_{REF}（-）～ V_{REF}（+），若信号太小，必须进行放大；输入的模拟量在转换过程中应该保持不变，如若模拟量变化太快，则需在输入前增加采样保持电路。

ALE 为地址锁存允许输入线，高电平有效。当 ALE 线为高电平时，地址锁存与译码器将 ADD_A、ADD_B、ADD_C 三条地址线的地址信号进行锁存，经译码后被选中的通道的模拟量进转换器进行转换，用于选通 IN0～IN7 上的一路模拟量输入。通道选择见表 8-2。

表 8-2 ADC0809 输入通道选择

ADD_C	ADD_B	ADD_A	选择的通道
0	0	0	IN0
0	0	1	IN1
0	1	0	IN2
0	1	1	IN3
1	0	0	IN4
1	0	1	IN5
1	1	0	IN6
1	1	1	IN7

3. 数字量输出及控制

SRART 为转换启动信号。当 SRART 上跳沿时，所有内部寄存器清零；下跳沿时，开始进行 A/D 转换；在转换期间，ST 应保持低电平。EOC 为转换结束信号。当 EOC 为高电平时，表明转换结束；否则，表明正在进行 A/D 转换。OE 为输出允许信号，用于控制三条输出锁存器向单片机输出转换得到的数据。OE = 1，输出转换得到的数据；OE = 0，输出数据线呈高阻状态。D7-D0 为数字量输出线。CLK 为时钟输入信号线。因 ADC0809 的内部没有时钟电路，所需时钟信号必须由外界提供，转换速度由 CLK 决定。

由于 ADC0809 是 8 位精度的，因此输出的 8 位数值为：

其中，IN——IN 引脚电平输入值

$V_{REF}(-)$ ——VREF-引脚电平输入值

$V_{REF}(+)$ ——VREF+引脚电平输入值

$$8\text{ 位输出} = \frac{IN - V_{REF}(-)}{\left(\frac{V_{REF}(+) - V_{REF}(-)}{256}\right)}$$

4. ADC0809 应用说明

（1）ADC0809 内部带有输出锁存器，可以与 AT89C52 单片机直接相连。

（2）初始化时，使 START 和 OE 信号全为低电平。

（3）送要转换的哪一通道的地址到 A，B，C 端口上。

（4）在 START 端给出一个至少有 100ns 宽的正脉冲信号。

（5）是否转换完毕，将根据 EOC 信号来判断。

（6）当 EOC 变为高电平时，这时给 OE 为高电平，转换的数据就输出给单片机了。

8.3.2 DAC0832

DAC0832 是 8 位分辨率的 D/A 转换集成芯片，它具有价格低廉、接口简单及转换控制容易等特点。

1. DAC0832 的内部逻辑结构

DAC0832 由 8 位输入锁存器、8 位 DAC 寄存器、8 位 D/A 转换电路及转换控制电路组成，能和 CPU 数据总线直接相连，属中速转换器，大约在 1μs 内将一个数字量输入转换成模拟量输出。DAC0832 原理如图 8-3 所示。

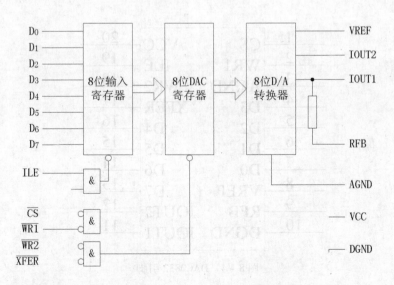

图 8-3 DAC0832 原理

2. DAC0832 引脚结构

表 8-3 DAC0832 引脚说明

符号	引脚说明
D7～D0	8 位数据输入端，D7 为最高位。
ILE	数据锁存允许信号输入端，高电平有效。
CS	片选信号输入端，低电平有效。
WR1	输入锁存器写选通信号，低电平有效。它作为第一级锁存信号将输入数据锁存到输入锁存器中。WR1 必须在 CS 和 ILE 均有效时才能起操控作用。
WR2	DAC 寄存器写选通信号，低电平有效。它将锁存在输入锁存器中可用的 8 位数据送到 DAC 寄存器中进行锁存。此时，传送控制信号 XFER 必须有效。
XFER	传送控制信号，低电平有效。当 XFER 为低电平时，将允许锁存在输入锁存器中可用的 8 位数据送到 DAC 寄存器中进行锁存。
IOUT1/IOUT2	模拟电流输出端，转换结果以一组差动电流（IOUT1，IOUT2）输出。当 DAC 寄存器中的数字码全为"1"时，IOUT1 最大；全为"0"时，IOUT2 为零。IOUT1 + IOUT2 = 常数，IOUT1、IOUT2 随 DAC 寄存器的内容线性变化。
RFB	反馈电阻引出端，DAC0832 内部已有反馈电阻，所以 RFB 端可以直接接到外部运算放大器的输出端，这样，相当于将一个反馈电阻接在运算放大器的输入端和输出端之间。
VREF	参考电压输入端，此端可接一个正电压，也可接负电压。范围为 -10～+10 V。外部标准电压通过 VREF 与 T 型电阻网络相连。此电压越稳定，模拟输出精度就越高。
VCC	电源电压输入端，范围为 +5～+15 V，以 +15 V 时工作为最佳。
AGND	模拟地。
NGND	数字地。

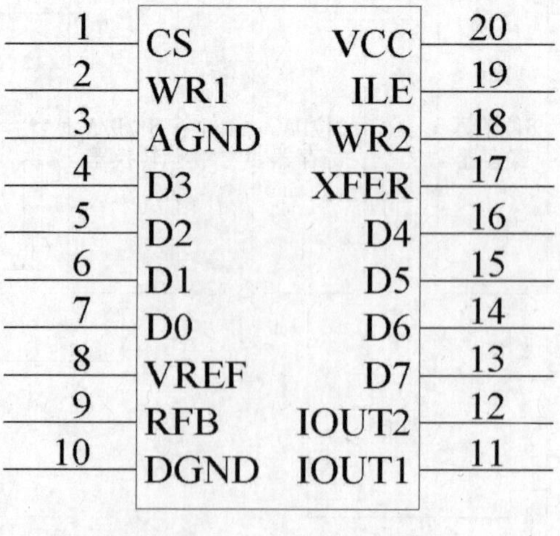

图 8-4 DAC0832 引脚

3. 模拟量输出及控制

DAC0832 有两个内部寄存器，要转换的数据先送到输入锁存器，但不进行转换。只有数据送到 DAC 寄存器时才能开始转换，因而称为双缓冲。ILE、CS 和 WR1 3 个信号组合控制第一级缓冲器的锁存。当 ILE 为高电平，并且 CPU 执行 OUT 指令时，CS 和 WR1 同时为低电平，使得输入锁存器的使能端 LE1 为高电平，此时锁存器的输出随输入变化；当 CPU 写操作完毕时，CS 和 WR1 都变成高电平，使得 LE1 为低电平，此时，数据锁存在输入锁存器中，实现第一级缓冲。同理，当 WR1 和 WR2 同时为低电平时，LE2 为高电平，第一级缓冲器的数据送到 DAC 寄存器；当 XFER 和 WR2 中任意一个信号变为高电平时，这个数据被锁存在 DAC 寄存器中，实现第二级缓冲，并开始转换。

4. DAC0832 应用说明

由于 DAC0832 拥有两个内部寄存器，因此可以工作于双缓冲方式、单缓冲方式和直通方式：

（1）双缓冲方式。所谓双缓冲方式，就是把 DAC0832 的输入锁存器和 DAC 寄存器都接成受控锁存方式。这种方式适用于多路 D/A 同时进行转换的系统。因为各芯片的片选信号不同，可由每片的片选信号 CS 与 WR1 分时地将数据输入到每片的输入锁存器中，每片的 ILE 固定为 +5 V，XFER 与 WR2 分别连在一起，作为公共控制信号。数据写入时，首先将待转换的数字信号写到 8 位输入锁存器，当 WR1 与 WR2 同时为低电平时，数据将在同一时刻由各个输入锁存器将数据传送到对应的 DAC 寄存器并锁存在各自的 DAC 寄存器中，使多个 DAC0832 芯片同时开始转换，实现多点控制。双缓冲方式的优点是，在进行 D/A 转换的同时，可接收下一个转换数据，从而提高了转换速度。

（2）单缓冲方式。如果应用系统中只有一路 D/A 转换，或虽然是多路转换但不要求同步输出时，可采用单缓冲方式。所谓单缓冲方式，就是使 DAC0832 的输入锁存器和 DAC 寄存器有一个处于直通方式，另一个处于受控的锁存方式。一般将 WR2 和 XFER 接地，使 DAC 寄存器处于直通状态，ILE 接 +5 V，WR1 接 CPU 的 IOW，CS 接 I/O 地址译码器的输出，以便为输入锁存器确定地址。在这种方式下，数据一旦写入 DAC 芯片，就立即进行 D/A 转换。

（3）直通方式。当 ILE 接 +5 V，CS、WR1、WR2 及 XFER 都接地时，DAC0832 处于直通方式，输入端 D7～D0 一旦有数据输入就立即进行 D/A 转换。这种方式不使用缓冲寄存器，不能直接与 CPU 或系统总线相连。

8.4 项目的原理图

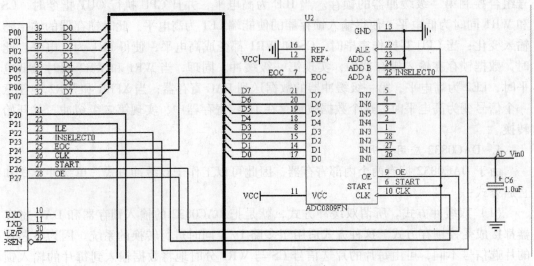

图 8-5 ADC0809 电路

如图 8-5 所示，单片机通过 P0 口与 ADC0809 进行并行数据通信，通过 P2.3～P2.7 对 ADC0809 进行控制。

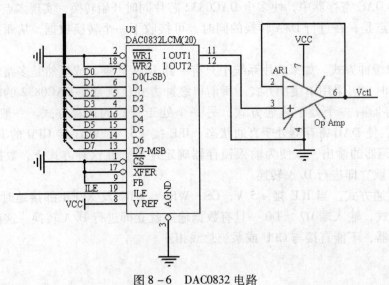

图 8-6 DAC0832 电路

如图 8-6 所示，单片机通过 P0 口与 DAC0832 进行并行数据通信，通过 P2.2 与 DAC0832 的 ILE 连接。由于单片机的 P0 口同时与 ADC0809 和 DAC0832 进行连接，因此 DAC0832 需要对输入的数据进行缓冲。另外，本设计只有一路 D/A 转换输出，因此 DAC0832 采用单缓冲方式。这里把 CS、WR1、WR2 及 XFER 均接地，ILE 与单片机连接，ILE 成为了 DAC0832 的片选信号（当然也存在其他的连接方式）。当需要进行 D/A 转换时，单片机只要把 ILE 设为高电平，就能立即把 P0 口的数据进行 D/A 转换输出。

另一方面，大多数的教材均把 DAC0832 的 IOUT1 与运算放大器的反相输入端连接，RFB 与运放的输出端连接，实现 DAC0832 输出电流到电压的转换。然而在这种连接方式下，由于是反相输入端输入，因此输出电压与参考电压的符号相反。由于本设计的充电器输出电压为正数，而 220V 电源经过整流、滤波和稳压后也是正数，因此这种连接方法不符合本设计的要求。如图 8-7 所示，本设计把 IOUT1 与运放的同相输入端连接，RFB 和 IOUT2 接地。运放的输出电压 Vctl = IOUT1 × RFB，实现了电压的同相输出。注意由于 IOUT1 + IOUT2 = 常数，因此 IOUT2 不能悬空，要接地。

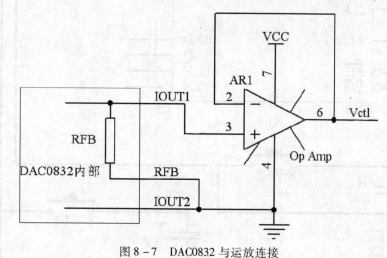

图 8-7 DAC0832 与运放连接

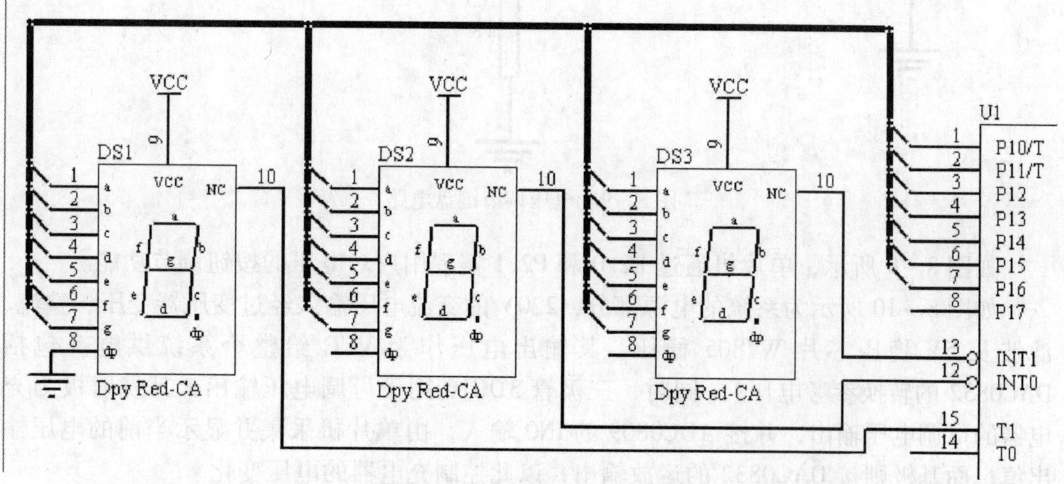

图 8-8 数码管电压显示电路

电压显示采用三个共阳数码管进行显示，如图 8-8 所示。考虑到本设计的充电器的电压调节范围为 5V 以内，因此图 8-8 让最左边的数码管的小数点亮（dp 接地）。另外，本设计的数码管显示采用动态刷新的方法，由单片机的 P3.2、P3.3 及 P3.5 对三个数码管进行轮流片选显示操作。

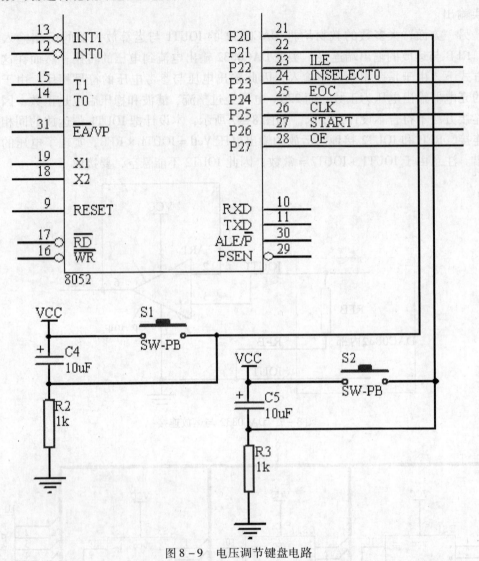

图8-9 电压调节键盘电路

如图8-9所示，单片机通过P2.0和P2.1实现用户对电压的按钮调节功能。

如图8-10所示为系统的电源部分，220V的交流电压输入经过变压器变压、整流、滤波及5V稳压芯片W7805稳压，其输出电压作为VCC给整个系统供电（包括DAC0832的转换参考电压）。同时，三极管3DG16用于可调电压输出，其发射极为充电器的可调电压输出，并接ADC0809的IN0输入，由单片机采集并显示当前的电压输出值；而基极则接DAC0832的运放输出，以此控制充电器的电压变化。

第 8 章 数控数显充电器的设计实现

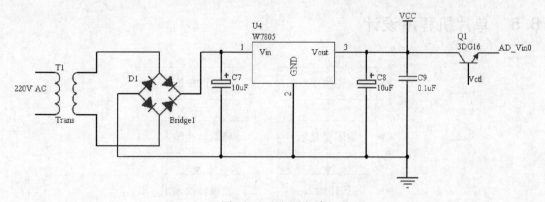

图 8-10 电源电路

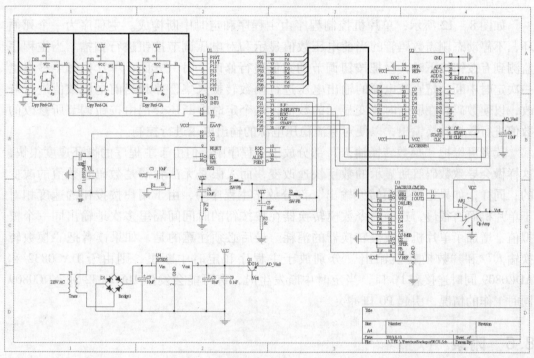

图 8-11 系统总电路

8.5 单片机程序设计

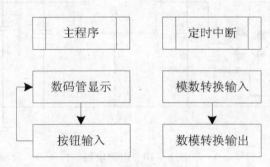

图 8-12　单片机控制流程

如图 8-12 所示，单片机控制程序由主程序和定时中断构成。主程序为一个死循环，不停动态刷新数码管的当前电压数值显示和对电压调节按钮进行扫描。当主程序监测到有按钮按下时，会把按钮调节的数值进行修改。另一方面，单片机每半秒发生一次定时中断，把直流电源的输出电压进行模数转换采集，并对当前电压数值进行修改，以便数码管在刷新时改变显示的数值；这个定时中断还会把由按钮调节所修改的数值进行数模转换输出，以便对直流稳压电源的输出电压进行控制。

读者可以把"模数转换输入"部分放于主程序中，但由于主程序的循环速度很快，这样做会导致数码管所显示的数字快速改变，而人眼是无法看清楚数码管数值的改变的；同样，如果把"数模转换输出"部分放于主程序中，由于用户按按钮的速度相对于单片机而言很慢，这样会令数模转换器在按按钮的时间间隔里多次地输出同一个模拟值，增加了单片机和数模转换器的消耗。最后必须注意的是，如果读者把"模数转换输入"和"数模转换输出"分别放于主程序和定时中断里，则由于 DAC0832 和 ADC0809 同时连接着 P0 口，当定时中断发生时，有可能会发生 DAC0832 和 ADC0809 同时工作的情况，引起 P0 口冲突。

8.6　附录

8.6.1　元件清单

元件	描述	编号	引脚	数量
8052		U1	DIP-40	1
ADC0809FN	CMOS Analog-to-Digital Converter with 8-Channel Multiplexer	U2	FN028	1
Bridge1	Full Wave Diode Bridge	D1	E-BIP-P4/D10	1
10uF		C5	CRAD0.1	1

元件	描述	编号	引脚	数量
10uF		C3	CRAD0.1	1
10uF		C4	CRAD0.1	1
30P	Capacitor	C1	0805	1
30P	Capacitor	C2	0805	1
0.1uF	Capacitor	C9	0805	1
11.0592MHz	Crystal	Y1	XTAL1	1
DAC0832LCM	8 – Bit Double – Buffered D to A Converters	U3	SO20W	1
Dpy Red – CA	Common Anode Seven – Segment Display, Right Hand Decimal	DS1	DIP10	1
Dpy Red – CA	Common Anode Seven – Segment Display, Right Hand Decimal	DS2	DIP10	1
Dpy Red – CA	Common Anode Seven – Segment Display, Right Hand Decimal	DS3	DIP10	1
1.0uF	Electrolytic Capacitor	C6	CRAD0.2	1
10uF	Electrolytic Capacitor	C7	CRAD0.2	1
10uF	Electrolytic Capacitor	C8	CRAD0.2	1
3DG16	NPN Bipolar Transistor	Q1	BCY – W3	1
Op Amp	FET Operational Amplifier	AR1	CAN – 8/D9.4	1
1k		R1	0805	1
1k		R2	0805	1
1k		R3	0805	1
SW – PB	Switch	S1	SPST – 2	1
SW – PB	Switch	S2	SPST – 2	1
Trans	Transformer	T1	TRANS	1
W7805		U4	78M05	1

8.6.2 单片机参考代码

```
#include <reg52.h>
#include <absacc.h>              /* use XBYTE function */

#define uchar unsigned char
#define uint  unsigned int
#define key_sensitivity 100    //可通过修改来调节按钮按下的敏感度
```

```c
sfr AUXR = 0x8e;
sbit voltage_up = P2^0;        //定义调高电压按钮
sbit voltage_down = P2^1;      //定义调低电压按钮
sbit dac_cs = P2^2;            //定义 DAC 使能输出引脚
sbit adc_adda = P2^3;          //定义与 ADC ADD_A 引脚相连的引脚
sbit adc_eoc = P2^4;           //定义与 ADC EOC 引脚相连的引脚
sbit adc_clk = P2^5;           //定义与 ADC CLK 引脚相连的引脚
sbit adc_start = P2^6;         //定义与 ADC START 引脚相连的引脚
sbit adc_oe = P2^7;            //定义与 ADC OE 引脚相连的引脚
sbit led_1 = P3^5;             //定义与 LED 个位引脚相连的引脚
sbit led_2 = P3^2;             //定义与 LED 小数点后一位引脚相连的引脚
sbit led_3 = P3^3;             //定义与 LED 小数点后两位引脚相连的引脚

uint sec = 0;
uint hour = 0;
uint ms = 0;        //定时器计时变量
uchar voltage_control = 0;//定义输出电压的计量变量,可由按钮进行改变,范围 0 ~ 255
uchar LED_code[10] = {0x40,0x79,0x24,0x3f,0x19,0x12,0x02,0x78,0x00,0x10};
/*定义共阳数码管段码*/
uchar voltage_show[3];  //定义存储三个数码管的段码

/* ====================== 延时子函数 ========================== */
/*名称:delay_ms   */
/*功能:调用此函数起延时作用*/
/* ========================================================== */
void delay_ms(uint w)
{
    uchar z;
    while(w--)
    {
        for(z=0;z<125;z++);
    }
}


/* ====================== 电压采集子函数 ================================ */
/*名称:voltage_input   */
/*功能:调用此函数进行电压的 ADC0809 采集,并转换为三位七段数码管的段码*/
/* ================================================================== */
void voltage_input()
{
    uchar data_get;
    uint voltage;
```

```c
    adc_adda = 0;                          //ADC 通道 0
    adc_start = 1;
    delay_ms(1);
    adc_start = 0;
    delay_ms(1);
    while(adc_eoc == 0);      //等待 EOC = 1
    adc_oe = 1;
    delay_ms(10);
    data_get = P0;
    delay_ms(10);
    adc_oe = 0;

    voltage = (data_get * 5/256) * 100;
    //把模数转换值转换为电压的实际测量值,参考电压为 5V,ADC0809 为 8 位精度。由于数码管
显示的是精确到小数点后两位的电压值,乘以 100 是为了避免浮点数的产生
    voltage_show[0] = LED_code[voltage/100];      //voltage 的百位,转换为段码
    voltage_show[1] = LED_code[(voltage% 100)/10];   //voltage 的十位,转换为段码
    voltage_show[2] = LED_code[voltage% 10];    //voltage 的个位,转换为段码
}


/* ====================== LED 电压显示子函数 ============================= */
/*名称:LED_show  */
/*功能:调用此函数令三个七段数码管显示直流电源的输出电压值*/
/*描述:三个数码管均连接 P1 口,无寄存器,需要不停调用此函数来动态显示电压值*/
/* ===================================================================== */
void LED_show()
{
    led_2 = 1;led_3 = 1;led_1 = 0;
    P1 = voltage_show[0];
    delay_ms(10);

    led_1 = 1;led_3 = 1;led_2 = 0;
    P1 = voltage_show[1];
    delay_ms(10);

    led_1 = 1;led_2 = 1;led_3 = 0;
    P1 = voltage_show[2];
    delay_ms(10);
}


/* ====================== 电压输出子函数 ====================== */
```

```c
/* 名称:voltage_output   */
/* 功能:调用此函数令 DAC0832 输出电压 */
/* ============================================================ */
void voltage_output()
{
    dac_cs = 1;    //DAC0832 锁存有效
    P0 = voltage_control;
    delay_ms(10);
    dac_cs = 0;
}


/* ====================== 按钮监测子函数 ====================== */
/* 名称:key_detect    */
/* 功能:调用此函数检测是否有电压调节按钮按下 */
/* ============================================================ */
void key_detect()
{
    if(voltage_up ==1)
    {
        voltage_control + +;
    }
    delay_ms(key_sensitivity);   //延时越长键盘越不敏感
    if(voltage_down ==1)
    {
        voltage_control - -;
    }
    delay_ms(key_sensitivity);

}
/* ====================== 初始化子函数 ================================ */
/* 名称:init */
/* 功能:初始化单片机内部系统资源,包括定时器等,初始化 ADC0809、DAC0832 */
/* ================================================================== */
init()
{
    TMOD = 0x22;
    //定时器 0 初始化,定时频率 921.6/30 = 30.72kHz
    TH0 = 0xe2;
    TL0 = 0xe2;
    TR0 = 1;
    ET0 = 1;
```

```
    EA = 1;        //开总中断
    /* ======== ADC0809 初始化 ============== */
    adc_start = 0;
    adc_oe = 0;
    /* ======== DAC0832 初始化 ============== */
    dac_cs = 0;
}

/* ===================== 定时器中断服务子函数 ============================ */
/* 名称:timer0  */
/* 功能:定时频率 30.72kHz,为 0809 提供时钟脉冲,间接产生半秒一次的定时中断  */
/* =========================== = ======================================= */
timer0() interrupt 1  using 0
{
    adc_clk = ! adc_clk;   //产生 15.36kHz 时钟脉冲给 ADC0809
    ms + +;
    if(ms > = 15360)     //半秒
    {
        ms = 0;
        voltage_input();
        voltage_output();
    }
}

/* ===================== 主函数 ======================= */
/* 名称:main */
/* 功能:*/
/* =================================================== */
main()
{
    AUXR = 0x02;   //STC89C52RC 单片机专用功能,禁止使用内部 128 字节 XDATA

    init();
    while(1)
    {
        LED_show();
        key_detect();
    }
}
```

参考文献

[1] 马忠梅. 单片机的 C 语言应用程序设计 [M]. 北京:北京航空航天大学出版

社，2003.

［2］张毅刚．新编 MCS51 单片机应用设计［M］．哈尔滨：哈尔滨工业大学出版社，2006.

［3］谭浩强．C 程序设计［M］．北京：清华大学出版社，1999.

［4］胡烨，姚鹏翼，江思敏．Protel 99 SE 电路设计与仿真教程［M］．北京：机械工业出版社，2005.

［5］童诗白，华成英．模拟电子技术基础［M］．北京：高等教育出版社，2001.

第 9 章　桌上电子记事本的设计

9.1　本设计概述

本设计是利用单片机与液晶显示屏和计算机进行连接，实现单片机对显示屏的控制。通过本设计使读者初步掌握嵌入式仪器、设备的数据及字符输出方法，令读者掌握开发电子、通信、自动化电器设备控制系统的输出显示的基本技能，为中文显示、图像显示等复杂显示方法的学习打下一定的基础。

9.2　产品简介

随着电脑的逐渐普及，人们的工作和生活越来越方便和快捷，也使越来越多的人依赖于电脑办公。而传统的日程记事本逐渐显现出在当今时代的不足和局限性，传统记事本一般为纸制品，加大了对森林资源的需求，与当今提倡绿色环保的思想相背；传统记事本一般不带有日历，而且对该天前后的日程信息也很不好把握；没有自动提醒功能，不能对使用者的行程进行很好的规划和安排。另一方面，虽然利用桌上电脑也能实现无纸化的记事和日历功能，但一旦电脑处于关闭状态也就同时失去了此功能。

桌上中文电子记事本能适时地发出声音以提醒我们该做的事情。本设计主要实现传统记事本的数字化，具有液晶显示以及闹钟提醒功能，利用计算机控制界面进行相关时间以及备忘录的输入，再通过串口把相关数据传输给记事本，记事本接收数据后，根据数据内容进行分析处理，在相应时间上，LCD 显示记事内容，并伴随有闹钟提醒。本记事本灵活、方便，通过与计算机的充分结合，实现对时间和闹铃的控制，从而达到记事功能。

9.3　工作条件

9.3.1　LCD1602 液晶显示芯片引脚介绍

LCD1602 是一种字符型液晶显示芯片，专门用于显示字母、数字、符号等点阵式 LCD。1602 液晶模块内部的字符发生存储器（CGROM）已经存储了 160 个不同的点阵字符图形，这些字符有：阿拉伯数字、大小写的英文字母、常用的符号、和日文假名等，每一个字符都有一个固定的代码，比如大写的英文字母"A"的代码是 01000001B（41H），显示时模块把地址 41H 中的点阵字符图形显示出来，就能看到字母"A"。1602LCD 分为带背光和不带背光两种，带背光的比不带背光的厚，是否带背光在应用中并无差别，两者尺寸差别如图9-1所示：

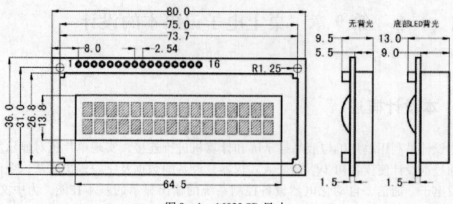

图9-1 1602LCD尺寸

（1）1602LCD主要技术参数。

1）显示容量：16×2个字符。

2）芯片工作电压：4.5—5.5V。

3）工作电流：2.0mA（5.0V）。

4）模块最佳工作电压：5.0V。

5）字符尺寸：2.95mm×4.35mm。

（2）引脚功能说明。

1602LCD采用标准的9脚（无背光）或16脚（带背光）接口，各引脚接口说明见表9-1。

表9-1 LCD1602各引脚接口说明

编号	符号	引脚说明	编号	符号	引脚说明
1	VSS	电源地	9	D2	数据
2	VDD	电源正极	10	D3	数据
3	VEE	液晶显示偏压	11	D4	数据
4	RS	数据/命令选择	12	D5	数据
5	R/W	读/写选择	13	D6	数据
6	E	使能信号	14	D7	数据
7	D0	数据	15	BLA	背光源正极
8	D1	数据	16	BLK	背光源负极

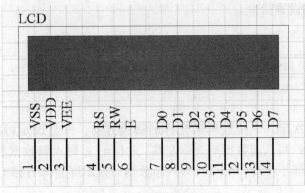

图9-2 液晶LCD电路

9.3.2 LCD1602的显示控制方法

LCD1602要显示的字符存放于DDRAM中,要在某行某列显示字符,只需在相应地址上存放字符的ASCII码即可,见表9-2。

表9-2 LCD1062显示字符对应地址

	显示位置	1	2	3	4	5	6	……	15	16
DDRAM 地址	第一行	00H	01H	02H	03H	04H	05H	……	0EH	0FH
	第二行	40H	41H	42H	43H	44H	45H	……	4EH	4FH

LCD1602的操作指令共11条,常用的指令如下所示:
(1) 清屏指令。

表9-3 清屏指令

RS	R/W	DB7	DB6	DB5	DB4	DB3	DB2	DB1	DB0
0	0	0	0	0	0	0	0	0	1

功能:<1> 清除液晶显示器,即全部填入"空白"的ASCII码20H;<2> 光标归位,即将光标撤回液晶显示屏的左上方;<3> 将地址计数器(AC)的值设为0。见表9-3。
(2) 光标归位指令。

表9-4 光标归位指令

RS	R/W	DB7	DB6	DB5	DB4	DB3	DB2	DB1	DB0
0	0	0	0	0	0	0	0	1	X

功能:<1> 把光标撤回到显示器的左上方;<2> 把地址计数器(AC)的值设置为0;<3> 保持DDRAM的内容不变。见表9-4。

(3) 进入模式设置指令。

表9-5 进入模式设置指令

RS	R/W	DB7	DB6	DB5	DB4	DB3	DB2	DB1	DB0
0	0	0	0	0	0	0	1	I/D	S

功能：设定每次定入1位数据后光标的移位方向，并且设定每次写入的一个字符是否移动。I/D=0：写入新数据后光标左移、I/D=1：写入新数据后光标右移；S=0：写入新数据后显示屏不移动、S=1：写入新数据后显示屏整体右移1个字符。见表9-5-3。

(4) 显示开关控制指令。

表9-6 显示开关控制指令

RS	R/W	DB7	DB6	DB5	DB4	DB3	DB2	DB1	DB0
0	0	0	0	0	0	1	D	C	B

功能：控制显示器开/关、光标显示/关闭以及光标是否闪烁。D=0：显示功能关、D=1：显示功能开；C=0：无光标、C=1：有光标；B=0：光标闪烁、B=1：光标不闪烁。见表9-6。

(5) 设定显示屏或光标移动方向指令。

表9-7 设定显示屏或光标移动方向指令

RS	R/W	DB7	DB6	DB5	DB4	DB3	DB2	DB1	DB0
0	0	0	0	0	1	S/C	R/L	X	X

功能：使光标移位或使整个显示屏幕移位。参数设定的情况见表9-8。

表9-8 使光标移位或整屏移位指令

S/C	R/L	设定情况
0	0	光标左移1格，且AC值减1
0	1	光标右移1格，且AC值加1
1	0	显示器上字符全部左移一格，但光标不动
1	1	显示器上字符全部右移一格，但光标不动

(6) 功能设定指令。

表9-9 功能设定指令

RS	R/W	DB7	DB6	DB5	DB4	DB3	DB2	DB1	DB0
0	0	0	0	1	DL	N	F	X	X

功能：设定数据总线位数、显示的行数及字型。DL=0：数据总线为4位、DL=1：数据总线为8位；N=0：显示1行，N=1：显示2行；F=0：5×7点阵/每字符；F=1：5×10点阵/每字符。见表9-9。

(7) 设定CGRAM地址指令。

表9-10 设定CGRAM地址指令

RS	R/W	DB7	DB6	DB5	DB4	DB3	DB2	DB1	DB0
0	0	0	1	\multicolumn{6}{c}{CGRAM 地址（6位）}					

功能：设定下一个要存入数据的CGRAM的地址。见表9-10。

(8) 设定DDRAM地址指令。

表9-11 设定DDRAM地址指令

RS	R/W	DB7	DB6	DB5	DB4	DB3	DB2	DB1	DB0
0	0	1			DDRAM 地址（7位）				

功能：设定下一个要存入数据的DDRAM的地址。见表9-11。

(9) 读取忙信号或AC地址指令。

表9-12 读取忙信号或AC地址指令

RS	R/W	DB7	DB6	DB5	DB4	DB3	DB2	DB1	DB0
0	1	FB			AC 内容（7位）				

功能：<1> 读取忙碌信号BF的内容，BF=1表示液晶显示器忙，暂时无法接收单片机送来的数据或指令；当BF=0时，液晶显示器可以接收单片机送来的数据或指令；<2> 读取地址计数器（AC）的内容。见表9-12。

(10) 数据写入DDRAM或CGRAM指令。

表9-13 数据写入DDRAM或CGRAM指令

RS	R/W	DB7	DB6	DB5	DB4	DB3	DB2	DB1	DB0
1	0				要写入的8位数据				

功能：<1> 将字符码写入DDRAM，以使液晶显示屏显示出相对应的字符；<2> 将使用者自己设计的图形存入CGRAM。见表9-13。

(11) 从 CGRAM 或 DDRAM 读出数据的指令。

表 9-14 从 CGRAM 或 DDRAM 读出数据的指令

RS	R/W	DB7	DB6	DB5	DB4	DB3	DB2	DB1	DB0
1	1	要读取的 8 位数据							

功能：读取 DDRAM 或 CGRAM 中的内容。见表 9-14。

9.4 项目的原理与仿真

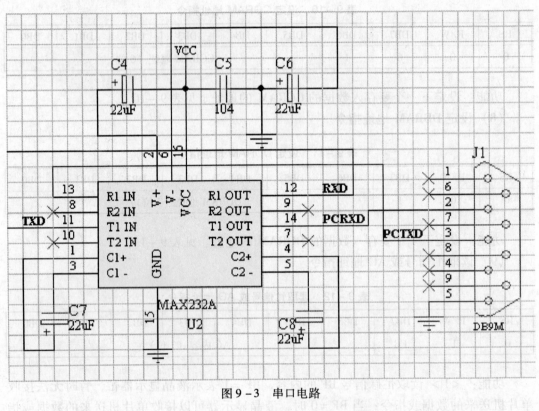

图 9-3 串口电路

9.4.1 原理图设计

单片机通过如图 9-3 所示的 MAX232 电平转换芯片与计算机连接，实现与计算机的串行通信。

第9章 桌上电子记事本的设计

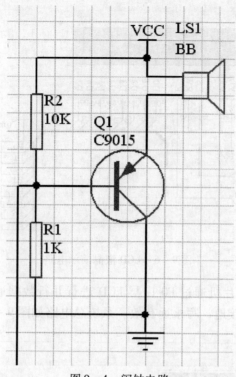

图 9-4 闹钟电路

如图 9-4 所示，闹钟电路与单片机的 P17 连接，当 P17 输出方波时，即可实现蜂鸣的闹钟效果。另一方面，为了简化电路的开发，电路电源采用外部直流电源再经 5V 稳压芯片来产生 VCC 电源，如图 9-5 所示。

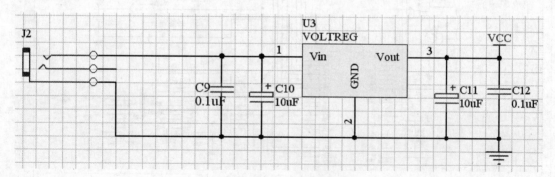

图 9-5 单片机的电源电路

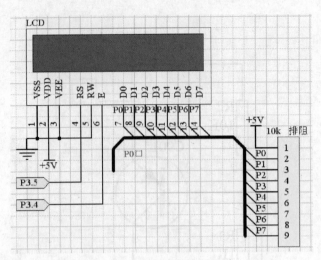

图 9-6 LCD 液晶演示电路

如图 9-6 所示，单片机通过 P0 口与 LCD 进行并行数据通信，通过 P3.4 和 P3.5 对 LCD 进行控制，RW 接地，写永远有效。系统总电路如图 9-7 所示。

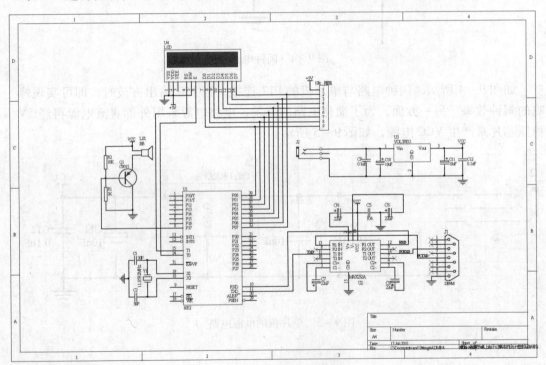

图 9-7 系统总电路

9.4.2 液晶显示仿真

PROTEUS ISIS 支持主流单片机系统的仿真。目前支持的单片机类型有：68000 系列、8051 系列、AVR 系列、PIC12 系列、PIC16 系列、PIC18 系列、Z80 系列、HC11

系列以及各种外围芯片。提供软件调试功能。在硬件仿真系统中具有全速、单步、设置断点等调试功能，同时可以观察各个变量、寄存器等的当前状态，因此在该软件仿真系统中，也必须具有这些功能；同时支持第三方的软件编译和调试环境，如 Keil C51 uVision2 等软件。具有强大的原理图绘制功能。总之，该软件是一款集单片机和 SPICE 分析于一身的仿真软件，功能极其强大。

利用 PROTEUS ISIS 强大的仿真能力，事先把功能模块原理图画出，通过在 uVision2 中的编程，引导 HEX 文件，仿真模块。

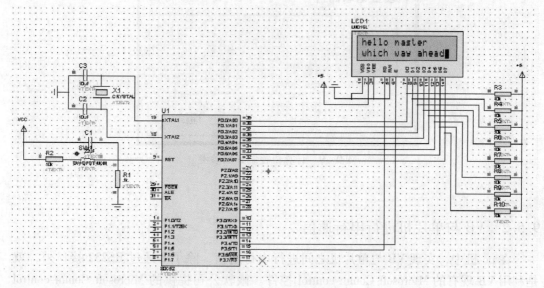

图 9-8 LCD 显示仿真

9.5 计算机端控制程序设计

9.5.1 计算机控制界面设计

系统界面如图 9-9 所示，界面是用于输入闹钟以及记事内容，点击通信按钮后，即可以通过串口与单片机进行数据的传输。

输入过程中，限制了输入的格式，否则会有输入错误提示。限制内容包括：
- 输入闹钟时，输入的必须是数字，而且年4位数，其他的两位数。
- 由于液晶显示器的显示容量为 16×2 个字符，记事内容长度不能大于32。

读者在设计时也可以加入其他的验证功能，例如设置闹钟的同时记事内容不能为空；也可自行加入系统时间设置功能，令系统功能更完善。

图 9-9 计算机控制界面参考

9.5.2 VB 与单片机进行串行通信

在 pc 机中，实现 VB 与单片机之间进行串行通信，除了要通过 RS232 接口外，就是利用 VB 现有的 Microsoft Comm control 控件。微软公司提供的 Microsoft Comm control 控件（简称 MSComm）为编程者提供了简化的 Windows 下的串行通信编程，使编程者不必掌握诸多关于硬件方面的知识。它提供了两种处理串行通信的方法：一是事件驱动方法；二是查询法。其中的事件驱动法是：当串口接收到或发送完指定数量的数据时，或当状态发生改变时，MSComm 控件都将触发 OnComm 事件，该事件也可以捕获通信中的错误。当应用程序捕获到这些事件后，可通过检查 MSComm 控件的 CommEvent 属性的值来获知所发生的事件或错误，从而执行相应的处理。这种方法具有程序响应及时，可靠性高等优点。这里采用事件驱动法。

MSComm 控件有许多重要的属性，其中几个重要的属性如下：

- CommPort：设置或返回通信端口。为 1 时对应 COM1；为 2 时对应 COM2。
- Settings：设置或返回波特率、奇偶校验、数据位和停止位参数。
- PortOpen：打开或关闭通信口。
- Input：读取或删除缓冲区中的数据流。
- Output：将数据写入发送缓冲区。
- InputLen：设置和返回 Input 属性从接收缓冲区中读取的字节数。
- InputMode：设置和返回的类型。该属性为 0 时，Input 属性所检取的数据是文本；为 1 时，Input 属性所检取的数据是二进制数据。这个属性对与单片机的通信尤为重要。

由于本系统没用到计算机端接收设置,所以串口通信更加简单。下面就是本系统 VB 串行通信的初始化设置:

```
MSComm1.CommPort = 1              //设置端口号为1
MSComm1.PortOpen = True           //打开通讯端口
MSComm1.RTSEnable = False         //置通讯端口为发送状态
MSComm1.Settings = "9600,m,8,1"   //奇偶校验位置1,发送地址信息
MSComm1.OutBufferCount = 0        //清发送缓冲区
MSComm1.Output = SendData         //发送
```

9.6 单片机程序设计

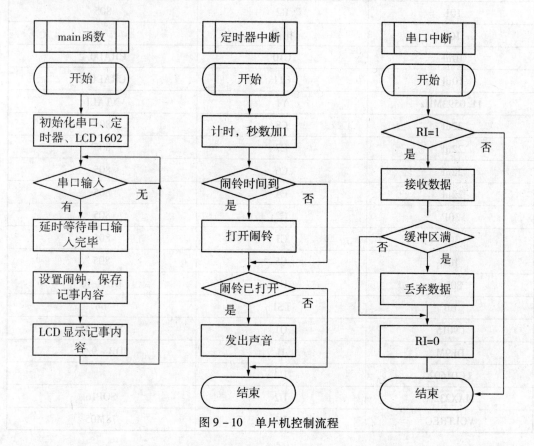

图 9-10 单片机控制流程

图 9-10 所示的流程并没有实现时间设置及闹铃关闭的功能,读者可自行进行修改设置。

9.7 附录

9.7.1 元件清单（见表9-15）

表9-15 元件清单

元件	编号	引脚类型
0.1uF	C9	805
0.1uF	C12	805
1K	R1	805
10K	R2	805
10k	排阻	
10uF	C10	CRAD0.2
10uF	C11	CRAD0.2
11.0592MHz	Y1	XTAL1
22uF	C8	805
22uF	C7	805
22uF	C6	805
22uF	C4	805
30P	C2	805
30P	C1	805
104	C5	805
8052	U1	DIP-40
BB	LS1	bb
C9015	Q1	SOT-23
DB9M	J1	DB-9/F
LCD1602	U4	
MAX232A	U2	SOP16
VOLTREG	U3	78M05

9.7.2 VB参考代码

```
Private Sub cmdcomm_Click()
    Dim RingTime As Stirng
    Dim str As String
```

```
RingTime = RingHour.Text + RingMinute.Text + RingSecond.Text
str = RingTime + txtMemory.Text

cmdcomm.Enabled = False    //使"通信"按钮失效
MSComm1.CommPort = 1       //设置端口号为1
MSComm1.PortOpen = True    //打开通讯端口
MSComm1.RTSEnable = False  //置通讯端口为发送状态
MSComm1.Settings = "9600,n,8,1"  //设置波特率等通信协议 波特率:9600 奇校验,8 位数据,1 位停止位
MSComm1.OutBufferCount = 0 //清发送缓冲区
MSComm1.Output = SendData  //发送
cmdcomm.Enabled = True     //发送完毕,"通信"按钮变回可用
End Sub
```

9.7.3 单片机参考代码

```c
#include <reg52.h>
#include <absacc.h>        /* use XBYTE function */
#include <intrins.h>       /* use _nop_() function */
#include <string.h>

#define uchar unsigned char
#define uint  unsigned int
#define comrxdsize 38          //串口接收缓冲区大小

sfr AUXR = 0x8e;

sbit rs = P3^5;        //LCD1602 的 RS 引脚
sbit lcden = P3^4;     //LCD1602 的 E 引脚
sbit RING = P1^7;      //定义与闹铃引脚相连的引脚

uchar table1[16];      //LCD1602 的第一行字符
uchar table2[16];      //LCD1602 的第二行字符
uint ringopen = 0;
uint sec = 0;
uint hour = 0;
uint ms = 0;           //定时器计时变量
uint ringsec,ringhour;//定义闹钟时间
uchar serial_data;     //串口接收数据变量
uchar idata comrxdbuf[comrxdsize];  //串口接收缓冲区
uchar comrxdindex = 0;              //串口接收缓冲区写序号

/* ======================= 延时子函数 =============== */
```

```c
/* 名称:delay_ms    */
/* 功能:调用此函数起延时作用 */
/* ============================================================ */
void delay_ms(uint w)
{
    uchar z;
    while(w--)
    {
        for(z=0;z<100;z++);
    }
}


/* ====================== LCD1602 设置子函数 ================== */
/* 名称:write_com   */
/* 功能:调用此函数对 LCD1602 进行设置,对应 LCD1602 操作指令第 1～8 条 */
/* ============================================================ */
void write_com(uchar com)
{
    P0 = com;
    rs = 0;
    lcden = 0;
    delay_ms(10);
    lcden = 1;
    delay_ms(10);
    lcden = 0;
}


/* ====================== LCD1602 写数据子函数 ================ */
/* 名称:write_date   */
/* 功能:调用此函数把要显示的字符写入 LCD1602,对应 LCD1602 操作指令第 10 条 */
/* ============================================================ */
void write_date(uchar date)
{
    P0 = date;
    rs = 1;
    lcden = 0;
    delay_ms(10);
    lcden = 1;
    delay_ms(10);
    lcden = 0;
}
```

```c
/* ======================= 来自计算机的字符串的处理子函数 =============== */
/*名称:string_set   */
/*功能:对串口输入的字符串进行处理,包括设置闹铃、保存要显示的记事内容*/
/* ========================================================== */
void string_set()
{
    uint x;
    ringhour = (comrxdbuf[0] - 0x30) * 10 + (comrxdbuf[1] - 0x30);
    ringsec = ((comrxdbuf[2] - 0x30) * 10 + (comrxdbuf[3] - 0x30)) * 60 + (comrxdbuf[4] - 0x30) * 10 + (comrxdbuf[5] - 0x30);
    for(x = 0; x < 16; x + +)
    {
        table1[x] = comrxdbuf[x + 6];
        table2[x] = comrxdbuf[x + 22];
    }
}

/* ======================= LCD1602屏幕显示子函数 =============== */
/*名称:LCD_show   */
/*功能:调用此函数让LCD1602显示两行字符串*/
/* ========================================================== */
void LCD_show()
{
    uint a;
    write_com(0x01);
    delay_ms(20);

    write_com(0x80);
    delay_ms(20);
    for(a = 0; a < 16; a + +)
    {
        write_date(table1[a]);
        delay_ms(20);
    }
    write_com(0xc0);
    delay_ms(150);
    for(a = 0; a < 16; a + +)
    {

        write_date(table2[a]);
        delay_ms(40);
    }
}
```

```c
/* ====================== 等待字符串传输完毕子函数 ================ */
/*名称:wait_rxd_ok  */
/*功能:等待字符串传输完毕 */
/* ========================================================== */
void wait_rxd_ok()
{
  uint gap;
  gap = sec;
  while(sec == gap);
//   gap = sec;
//   while(sec == gap);      //等待,每多加一个多等 1 秒
  comrxdbuf[comrxdindex] = '\0';   //给串口输入字符串后面加终止符
}


/* ====================== 准备好接收下一串口字符串子函数 ================ */
/*名称:ready_rxd_response   */
/*功能:准备好,可以接收下一次来自计算机的数据 */
/* ========================================================== */
void ready_rxd_response()
{
    comrxdindex = 0;
}
/* ====================== 初始化子函数 ======================= */
/*名称:init  */
/*功能:初始化单片机内部系统资源,包括串口、定时器等,初始化 LCD1602 */
/* ========================================================== */
init()
{
  TMOD = 0x22;

//定时器 0 初始化,定时频率 921.6/30 = 30.72 kHz
TH0 = 0xe2;
TL0 = 0xe2;
TR0 = 1;
ET0 = 1;

/******** 串口初始化 ****************
  用 11.0592MHZ 晶振,波特率 9600BPS
  8 位数据,1 位起始位,1 位停止位
  使用定时器 1 为波特率发生器
****************************** */
```

```c
    TH1 = 0xfd;
    TL1 = 0xfd;
    SCON = 0x50;
    PCON = 0x00;
    TR1 = 1;
    ES = 1;
    EA = 1;        //开总中断
    RI = 0;

    //LCD1602 初始化
    write_com(0x38);
    delay_ms(20);
    write_com(0x0f);
    delay_ms(20);
    write_com(0x06);
    delay_ms(20);
    write_com(0x01);
    delay_ms(20);
}

/* ======================定时器中断服务子函数======================== */
/*名称:timer0   */
/*功能:定时频率30.72kHz,为闹铃提供脉冲,频率15.36kHz */
/* ========================== = = ================================ */
timer0() interrupt 1  using 0
{
    ms++;
    if(ms >= 30720)              //1秒
    {
        ms = 0;
        sec++;
        if(sec >= 3600)
        {
            sec = 0;
            hour++;
            if(hour >= 24)
            {
                hour = 0;
            }
        }
    }
    if(sec == ringsec||hour == ringhour) ringopen = 1;
```

```c
    if(ringopen ==1) RING = ! RING;   //产生 15.36kHz 响铃
}

/* ====================== 串口中断服务子函数 ====================== */
/*名称:serial  */
/*功能:串口中断接收数据*/
/* ======================= = = ============================= */
void serial() interrupt 4 using 1
{
    if(RI)
    {
        serial_data = SBUF;
        comrxdbuf[comrxdindex] = serial_data;
        comrxdindex + +;
        if(comrxdindex > = comrxdsize) comrxdindex = comrxdsize -1;
        RI = 0;
    }
}


/* ====================== 主函数 ====================== */
/*名称:main  */
/*功能:*/
/* ================================================ */
main()
{
AUXR = 0x02;   //STC89C52RC 单片机专用功能,禁止使用内部 128 字节 XDATA
init();        //初始化定时器和串口
ready_rxd_response();
while(1)
{
    if(RI ==1){
    wait_rxd_ok();
    string_set();
    LCD_show();
    ready_rxd_response();
    }
}
}
```

参考文献

[1] 马忠梅. 单片机的 C 语言应用程序设计 [M]. 北京:北京航空航天大学出版

社,2003.

[2] 张毅刚. 新编 MCS51 单片机应用设计 [M]. 哈尔滨: 哈尔滨工业大学出版社,2006.

[3] 谭浩强. C 程序设计 [M]. 北京: 清华大学出版社,1999.

[4] 胡烨, 姚鹏翼, 江思敏. Protel 99 SE 电路设计与仿真教程 [M]. 北京: 机械工业出版社,2005.

[5] 童诗白, 华成英. 模拟电子技术基础 [M]. 北京: 高等教育出版社,2001.

[6] 龚沛曾, 陆慰民, 杨志强. Visual Basic 程序设计简明教程(第二版)[M]. 北京: 高等教育出版社,2003.

第10章　一种简单可调稳压电源的制作

10.1　本设计概述

本设计利用常用的数字电路芯片（如计数器、译码器、DA转换器等）和常用的模拟电路元件（二极管、三极管、理想运算放大器等）设计了0～9.9V输出电压可调的直流电源。通过完成本设计，使读者掌握扎实的PCB制作、焊接、电路故障排除等基本技能，培养学生对数字电子技术、模拟电子技术的综合应用的能力，使学生对电路系统的设计指标、方案选择和元件选型有更深的理解和认识，为将来从事更复杂、更高级的电子系统设计打下基础。

10.2　产品简介

本作品输入电压为220V的生活用电，输出电压为0～9.9V可调，最大输出电流可达2A。输出电压通过两个LED7段数码管显示，一个显示个位，一个显示小数点后一位，数码管显示电压即为输出电压。通过两个按键（一个增加键，一个减小键）可调节输出电压的值，每点动按键一次输出电压升高/降低0.1V。电压的输出采用多种规格的连接器，可为各种日用电子产品（如手机、MP3、数码相框、交换机等）提供平稳的直流电。本稳压源输出电压比较准确，数码管显示的电压与输出电压最大误差小于或等于0.1V；输出功率强劲，最大输出功率可达40W；输入交流电压为195～240V时仍可正常工作。

10.3　电路原理

如图10-1所示，电路大致可以划分为以下几个部分：变压整流、小功率稳压、按键消抖、可逆计数、译码显示、DA转换、电压求和、大功率达林顿管射极跟随器输出等。220V交流电先经过变压线圈降压成两组有效值为18V的低压交流电，整流后经过小功率稳压电路得到三个稳定的直流电压供电路中的芯片工作，三个电压分别为：+15、-15V和+5V。小功率稳压输出电流能力有限，不宜作为电源的输出电流的来源，只是为控制电路提供稳定电压，特别是为DA芯片提供稳定的参考电压。按键开关先经过消抖电路产生稳定的跳沿信号，按键脉冲触发低位双向可逆计数器。两个十进制计数器一个控制小数的0.1位电压，一个控制整数的个位电压。译码及LED显示电路实时显示当前计数值。DA转换电路对计数值进行转换，0.1位电压DA转换器输入的十进制数字信号每加1，输出电压增加0.1V；1位电压DA转换器输入的十进制数字信号每增加1，输出增加1V。电压求和电路将两个DA转换器输出的电压相加之后输出到达林顿管的基极控制输出电压。达林顿管射极跟随器的作用是将18V整流后的电压调整成用户设定的电压，并具备较强的电流输出能力。

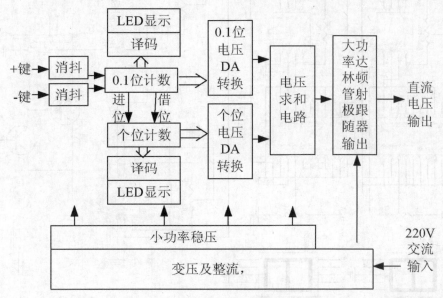

图10-1 电路原理框

如图10-2所示，220V交流电经变压线圈T1转换成两组共地的18V（有效值）交流电输出，两条非地线间的电压为36V。将两条非地线经过1个桥式整流，得到的36V全波整流电压，高电位端送入7805、7815的1脚，低电位端送入7915的1脚，将变压器地线与所有稳压芯片的2脚相连，再在稳压芯片的输入输出端接上滤波电容，就可在7805、7815、7915的3脚分别得到+5V、+15V、-15V的稳压输出了。

为保证每次按键只产生一个跳沿，触发计数器一次，需要对按键产生的信号去抖动。硬件去抖动可以采用阻容滤波法亦可采用RS触发器，其中RS触发器法工作更稳点，调试更容易。用两个交叉相连的与非门即可实现一个RS触发器。本例中，按键S2/S3先接到74LS00构建的RS触发器消抖，具体接法如电路原理图所示。

按键产生的触发信号消抖动后输入0.1位的可逆计数器，一个触发递增，一个触发递减。计数芯片采用十进制计数器74LS192，0.1位计数器的进位输出及借位输出分别连接到个位计数器的加计数端和减计数端。两级计数器总计数范围为00～99（十进制数），对应输出电压（0～9.9V）。

个位及0.1位计数输出分别连入74LS248集成译码器，74L248为四线-七线译码器/驱动器，内部输出带上拉电阻，它把从计数器传送来的二至十进制的8421码转换成十进制码，并驱动共阴数码管显示数码。

计数器输出同时连接到数模转换器，数模转换电路采用两块DAC0832集成电路，它是一个8位数/模转换器。由于计数器输出4位，而DA转换器输入为8位，我们对小数0.1位和整数个位分别作了处理。小数位0832高4位数字输入端接小数位计数器，

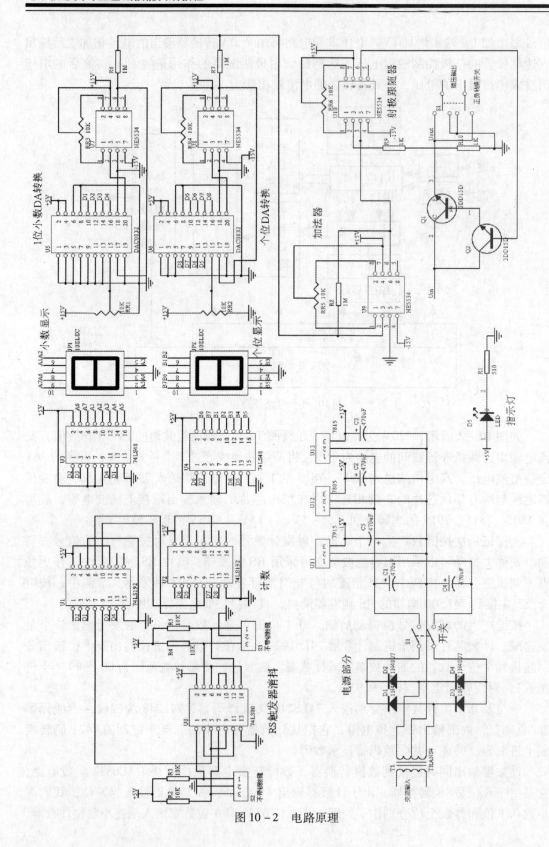

图 10-2 电路原理

低四位接地；整数位 0832 输入端采用高低相连方式（即 D0 与 D7 相连作为最高位，D1 与 D6 相连作为次高位，D2 与 D5 相连作为次低位，D3 与 D4 相连作为最低位），再将个位计数器与 0832 的高四位相连。由于 DA0832 是电流输出，且不包含运算放大器，所以需要外接一个运算放大器 NE5534 相配，构成完整的 DAC。通过调节与参考电压输入脚连接的可变电阻，可使小数 0.1 位的 DA 输出模拟电压范围为 0～0.9V，整数个位的 DAC 输出模拟电压范围为 0～9V。

两个 DA 通道产生的电压信号通过加法器相加，得到目标电压，但此加法器输出脚驱动能力有限，不宜作为最终的电源输出。本例中用到所有运放采用低噪声高速率优质运放 NE5534，该运放具有调零端，对直流电路特别有利，通过细心调节调零端，可以使电路的每一步输出电压精准地映射到期望值。

加法器输出端接运放 NE5534 构建的电压跟随器来提高目标电压的驱动能力，5534 输出连接到射极跟随器的基极以控制电源的最后输出电压。射极跟随器采用两个大功率三极管构建，连接成达林顿管，集电极接到 18V 全波整流输出端（即 7815 的输入端，而不是连接到 7815 的输出端），基极受 5534 构建的电压跟随器输出脚控制（即 U6 的 6 脚），发射极作为电压输出端。此结构可确保电路的输出电压/电流达到设计要求。

为提高本作品的易用性，本作品的输出电压接口采用 4 种规格的常用直流电源插口。此外，还设计了电源极性转换开关 S1，通过此开关，可以将输出电源的极性倒置。

10.4 制作及调试

10.4.1 元件清单

表 10-1 元件清单

元件	参数	名称	封装	数量
电阻	510	R1	AXIAL0.3	1个
	1k	R9、R10	AXIAL0.3	2个
	10k	R2、R3、R4、R5、	AXIAL0.3	4个
	1M	R6、R7、R8	AXIAL0.3	3个
可调电阻	10k	RR1、RR2、RR3、RR4、RR5、RR6	TO-126	6个
电解电容	470uF	C1、C2、C3、C4、C5	RAD0.1	5个
二极管	1N4007	D1、D2、D3、D4	DIODE0.4	4个
发光二极管		D5	RAD0.1	1个
与非门	74LS00	U0	DIP14	1片
计数器	74LS192	U1、U2	DIP16	2片
译码器	74LS48	U3、U4	DIP16	2片
数码管	一位/共阴			2个

续表 10-1

元件	参数	名称	封装	数量
数模转换芯片	DAC0832	U5、U6	DIP20	2片
运放	NE5534	U7、U8、U9、U10	DIP8	4片
稳压芯片	7805	U11	TO-220	1片
	7815	U12	TO-220	1片
	7915	U13	TO-220	1片
变压器	双输出 18V/50W	T1		1个
三极管	3DD15D	Q1、Q2	TO-3	2个
铜板	15*20cm			1张
按键		S2、S3	TO-126	2个
开关		S1		1个
电源线				1根

10.4.2 PCB 制作与调试

由于本例芯片较多，需要连接的线也就很多，用万能板很难做出美观可靠的电路，建议读者用热转印 PCB 板实现。为提高成功率，可考虑采用单面板；如果实验条件好，亦可做双面板。在采用单面 PCB 板时，元件均可采用直插器件，但布线需要格外耐心仔细。首先是先要考虑好如何放置元件，只有元件的放置位置合理布线才可能简单；其次，若自动布线布不通，应考虑手工布线，耐心调整、尝试；再次，若个别地方手工布线亦难以布通，应考虑手工设置跳线点，跳线宜美观、有序。

连接好线路之后，检查各元件工作是否完好，若遇到问题，应先检查电源电压再逐级向后检查。各级基本功能实现后就可以对精度进行调整了。具体方法如下：

（1）点动按键将数码管显示电压调节到 0.0，调节 RR3 使小数位输出电压为 0（U7 的 6 脚输出电压为 0）；调节 RR4 使个位输出电压为 0（U8 的 6 脚输出电压为 0）。调节 RR5 使得加法器输出电压为 0（U9 的 6 脚输出电压为 0），调节 RR5 使得最终输出电压为 0。

（2）点动按钮将数码管显示电压调节到 0.9，调节 RR1 使输出电压为 0.9V。

（3）点动按钮将数码管显示电压调节到 9.0，调节 RR2 使输出电压为 9.0V。

至此，稳压电源调试工作完毕，为电源接上输入插头，用胶枪将部分电线或元件加固即可投入使用了。

参考文献

[1] 王毓银，陈鸽等. 数字电路逻辑设计 [M]. 北京：高等教育出版社，2005.
[2] 童诗白，华成英. 模拟电子技术基础 [M]. 北京：高等教育出版社，2005.

第 11 章 低成本的无线话筒设计

11.1 设计目的

按照本学科教学培养计划要求,在学完《通信电子线路》相关课程后,应安排本实践项目,其目的是使学生更好地巩固和加深对专业基础知识的理解,学会设计中、小型电子线路的方法,独立完成调试过程,增强学生理论联系实际的能力,提高学生电路分析和设计能力。通过实践教学引导学生在理论指导下有所创新,为专业课的学习和日后工程实践奠定基础。

11.2 设计任务与要求

产品可以进行无线发射,有一定的抗干扰能力,代替无线话筒使用,在五十米范围内与便携式电子调谐收音机配合使用,语音清楚,还能够作为简易助听器、无线耳机等使用。

11.2.1 任务

(1) 设计一款简易调频无线话筒。
(2) 根据需要列出元件清单。
(3) 使用万用板搭建并且独立焊接电路。
(4) 调试电路使发射频率为 88~108MHz。

11.2.2 要求

(1) 电路焊接符合要求,避免虚焊和错焊。
(2) 无线话筒抗干扰能力强,频率误差 ±0.5MHz。
(3) 可以使用普通调频收音机接收清晰的音频信号,有效发射距离为 30~50m。

11.3 设计原理与实现

11.3.1 设计原理

调频无线话筒是一种可以将声音或者歌声转换成 88~108MHz 的无线电波发射出去,距离可以达到 30~50m,用普通调频收音机或者带收音机功能的手机就可以接收。将声音调制到高频载波上,可以用调幅的方法,也可以用调频的方法。与调幅相比,调频具有保真度好,抗干扰性强的优点,缺点是占用频带较宽。调频的方式一般用于超短波波段。

11.3.1.1 调频无线话筒原理

调频无线话筒原理如图 11-1、图 11-2 所示。

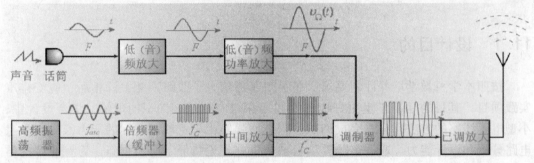

图 11-1 调频无线话筒原理

11.3.1.2 调频无线话筒电路

调频无线话筒电路如图 11-2 所示。其中高频三极管 9018 和电容 C4、C5、C7 组成一个电容三点式的振荡器,三极管集电极的负载 C4、L1 组成一个谐振器,谐振频率就是调频话筒的发射频率,根据图中元件的参数发射频率可以在 88~108MHz 之间,正好覆盖调频收音机的接收频率,通过调整 L 的数值(拉伸或者压缩线圈 L)可以方便地改变发射频率,避开调频电台 L1 和 C4 构成 LC 谐振回路。该回路具有选频作用,其频率由公式计算得出:$f = 1/[2\pi * (LC) - 1/2]$。发射信号通过 C7 耦合到天线上再发射出去。R4 是三极管的基极偏置电阻,给三极管提供一定的基极电流,使它工作在

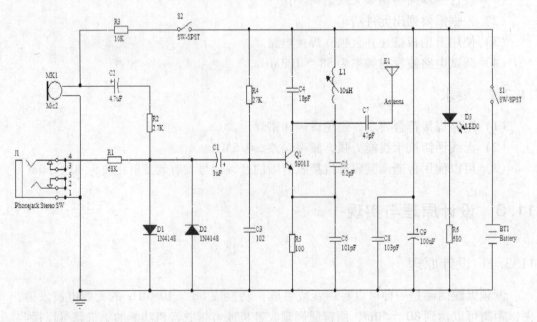

图 11-2 调频无线话筒电路

放大区，R5 是直流反馈电阻，起到稳定三极管工作点的作用。这种调频话筒的调频原理是通过改变三极管的基极和发射极之间电容来实现调频的，当声音电压信号加到三极管的基极上时，三极管的基极和发射极之间电容会随着声音电压信号大小发生同步的变化，同时使三极管的发射频率发生变化，实现频率调制。驻极体话筒可以采集外界的声音信号，灵敏度非常高，可以采集微弱的声音，同时这种话筒工作时必须要有直流偏压才能工作，电阻 R3 可以提供一定的直流偏压，R4 的阻值越大，话筒采集声音的灵敏度越弱。电阻越小话筒的灵敏度越高，话筒采集到的交流声音信号通过 C1 耦。

合后送到三极管的基极。电路中 K 是一个开关，开关可以控制电路的接入与断开，降低耗电、延长电池的寿命。本电路由 3V 供电，用两只 1.5V 的电池即可。该原理图对应的 PCB 图如图 11 - 3 所示。

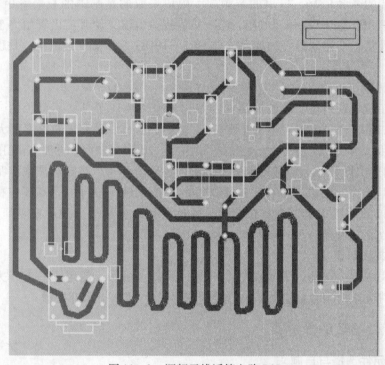

图 11 - 3　调频无线话筒电路 PCB

11.4　单元电路设计、参数计算、元器件选择

11.4.1　单元电路设计

1. 音频收集模块

一个无线话筒，则音频信号的收集是必不可少的。本电路中考虑到需要做一个小巧的无线话筒，因而直接采用的是驻极体小话筒 MIC，它灵敏度极高。据介绍，甚至

手表的嘀嗒的声音也可以被它收集到。话筒采集到的交流声音信号通过 C2 耦合和 R2 匹配后送到三极管的基极。另外,驻极体话筒内实际藏有一枚 FET,可视之为一级, FET 将话筒前振膜之电容变化放大,这就是驻极体话筒很灵敏的原因。

2. 音频放大模块

这个模块是对所收集到的音频信号进行无失真地放大,为下面的调制做准备。因为在自然环境中,由于诸多因素,所收集到的声音(即音频信号)都经过了很多的干扰,因此其所携带的能量都是很微弱的,为了使其能够正常地进入调制模块来与本振进行调制,需要将其音频信号来进行适当的放大来达到相关匹配。另一方面,这个无线话筒也是一个调频发射机,发出的信号又要经过大自然的无数干扰才会得到接收,若原始信号的能量就不够强烈,那么接收端的信号就无从谈起了。所以只有对其原始的音频信号进行充分放大,达到相应要求之后,再发射出去。接收端才能够正常进行解调恢复原始的音频信号。这里的音频放大模块采取的是基本的三极管甲类的放大。$R4 = 27k\Omega$ 是三极管的基极偏置电阻,给三极管提供电流,使其三极管始终工作在甲类无失真的放大状态,达到最好的放大效果。$R5 = 100\Omega$ 是直流反馈电阻,是稳定三极管的工作状态。

3. 载波振荡模块

一个调频信号发射机,载波振荡(即俗称本振)模块更是必不可少的。根据电磁场理论可以知道,通过天线发射的信号需要与天线匹配,即天线的长度要大于信号波长的四分之一。而音频信号的频带是 20Hz 至 20kHz,对应的波长范围是 15 至 $15000 km$。制造出巨大的天线是不合适的,所以我们需要一个高频载波来将我们的音频信息"装载"上去,再进行发送。基于这样的理论基础,设计的是高频三极管与 C4、C5、C7 所构成的一个电容三点式振荡器。通过调整 L 的数值(拉伸或者压缩线圈 L)可以方便地改变发射频率。

4. 电源及控制模块

电源选用两节干电池,为了在不使用的时候节省电能,使用了一个开关,为了在打开开关的时候让使用者知道电路已经接通使用红色 LED 指示灯指示。

11.4.2 元件参数的确定

11.4.2.1 元件选择与自制

1. 计算制作电感

元件参数的选择最主要是 LC 选频网络的选择。选择发射频率为 100MHz,选择一个标称值 18p 的瓷片电容,由图 11-4 计算得出 L。

The following approximations are accurate to about 1% for small air wound coils.
L = inductance in μH
N = number of turns
r = mean radius in inches
l = coil length in inches
b = depth of coil in inches

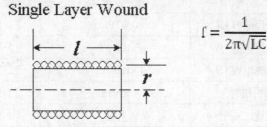

$$L = \frac{(rN)^2}{9r + 10l}$$

$$f = \frac{1}{2\pi\sqrt{LC}}$$

图 11-4　L 计算公式

选频回路的电感 L 需要自制，用直径 0.5mm 的导线，在直径为 5mm 左右的骨架上绕制 5 圈，抽去骨架成为空心线圈，并适当拉长即可。

2．制作电路板

单面板：36mm×80mm。（1）元件安装：将驻极话筒用导线连接在电路板的相应位置，电阻采用卧式按装，元件安装高度不超过 10mm。

（2）天线安装：采用 25mm 长软线。

11.4.2.2　元器件型号

元器件的选择表 11-1。

表 11-1　元器件型号

名　称	型号/规格	数　量	备　注
话筒	普通驻极体话筒	1 只	
三脚拨动开关		2 只	
耳机插座	2.5	1 只	
电阻 R1	68KΩ	1 只	
电阻 R2	2.7KΩ	1 只	
电阻 R3	10KΩ	1 只	
电阻 R4	27KΩ	1 只	
电阻 R5	100Ω	1 只	
电阻 R6	580Ω	1 只	
电解电容 C1	1uf	1 只	
电解电容 C2	4.7uf	1 只	
瓷片电容 C3	102Pf	1 只	
瓷片电容 C4	18pf	1 只	
瓷片电容 C5	6.2pf	1 只	
瓷片电容 C6	101Pf	1 只	

名 称	型号/规格	数 量	备 注
瓷片电容 C7	47Pf	1只	
瓷片电容 C8	103 Pf	1只	
电解电容 C9	100 uf	1只	
三极管	S9018	1只	
发光二极管	普通	1只	
二极管	IN4148	2只	
细直导线	20cm	若干条	
漆包线	ψ0.5mm 长 20cm	1条	
印制电路板		1块	

11.5 安装与调试

11.5.1 安装

此次设计的实物用到的元件比较少，使用的是万用印刷电路板，焊接之前设计了一套元件插接方案，所以焊接的时候直接按照图示搭接方案直接焊接可以很顺利完成。

11.5.2 调试

调试时，将万用表置直流 50 毫安档，测量整机电流，此时，短路 L1，万用表指针应有明显摆动，说明电路已起振。如电路不起振，应检查电路板是否有虚焊、三极管的 β 值是否够大、电容是否完好，必要时适当调节 R4、R5 的值，使电路起振。把 FM 收音机的电源和音量打开，将频率调在 100MHz 左右无电台的地方。给无线话筒电路板通上电源，对准收音机，用无感螺丝刀调节振荡线圈 L1 的稀疏（线圈匝间距离），直到收音机传出尖叫声。再慢慢移开话筒和收音机距离，同时适当调节收音机（或者话筒板）的音量、调谐旋钮，直到声音最清晰、距离又最远为止。调整发射频率：用调频收音机接收无线话筒信号，通过调节振荡线圈 L1 的匝距，使发射频率为 88～108MHz 上，如欲提高发射频率，应增大 L1 的匝距，反之，减小 L1 的匝距。

11.6 计算机模拟

（1）模拟输入声音信号，如图 11-5。

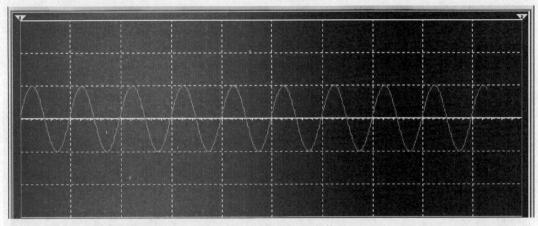

图 11-5 模拟输入声音信号

(2) 滤波电容器 C1 的输出信号。

可以看出，滤波电容并没有改变波形，如图 11-6 所示。当对改变 C1 电容器值进行改变时候信号发生很大的变形，如图 11-7 所示。

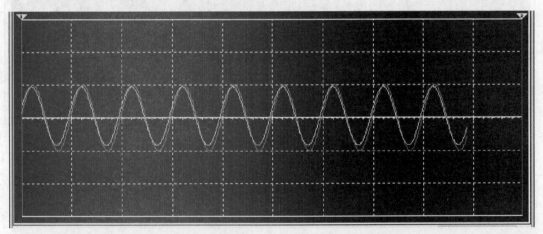

图 11-6 · C1 的输出信号

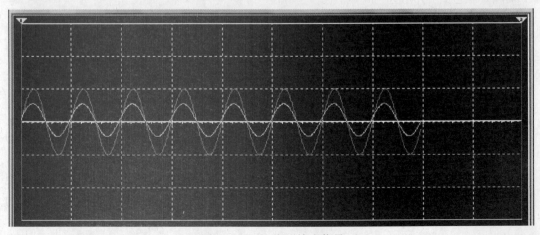

图 11-7 C1 变形输出信号

(3) 已调制信号波形。

通过示波器可以看到模拟音频信号已经被调制,如图 11 – 8 所示。但是调频波形受到音频信号干扰发生变形。当改变反馈电容的值的时候可以发现调制信号发生改变,如图 11 – 9 所示。

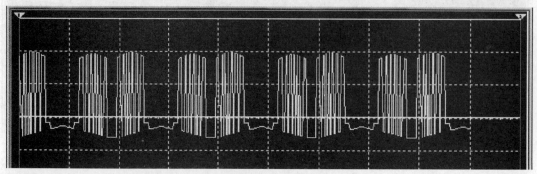

图 11 – 8　调制信号波形

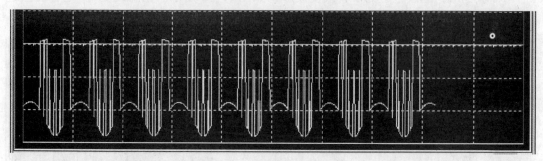

图 11 – 9　调制信号变形波形

11.7　遇到的问题及其解决

11.7.1　遇到的问题

由于电路比较简单,电感线圈为手动绕制,抗干扰能力有限,在手碰触电路的时候跑频很严重,这主要是在有导体接近线圈的时候线圈的感抗容易变化。电路的发射距离比较近。

11.7.2　解决的方法

对于电路抗容易受干扰的问题,用了一个金属壳将电感线圈罩住,电路抗干扰的能力明显增强,后来给电路选用了一个塑料壳,制成了一个真正意义上的无线发射器,向对讲机一样拿着可以说话不再出现频率变动情况,问题得到解决。对于电路发射距离近的问题采用了适当增加瓷片电容器 C2 的阻值和适当选取电路中电阻阻值的方法的烧少许改善。

参考文献

［1］藤井信生．电子实用手册［M］．北京：科学技术出版社．2001．
［2］李瀚荪．电路分析基础［M］．3 版．北京：高等教育出版社，1992．
［3］李银花．电子线路设计指导［M］．北京：北京航空航天大学出版社，2005．
［4］朱力恒．电子技术仿真实验教程［M］．北京：电子工业出版社，2003．

第12章 自动寻人机器人的设计

12.1 本设计概述

本设计采用单片机对机器人进行控制，通过左、前、右三个红外发送接收器实现机器人的自动避障活动，通过热释电红外传感自动探测寻找人类、在人前面停下、发出声音并显示字幕，还可以通过遥控来手动控制机器人的运动。本设计集无线遥控通信、电机运动控制、运动算法设计于一体，将综合运用电子、通信及自动控制知识，是一门多学科交叉实践应用的课程设计。

12.2 产品简介

随着人口居住密度的增大与我国地震活动的频繁活动，黄金72小时的灾后救援工作显得十分重要。在倒塌现场寻找生命痕迹，目前有生命探测仪器等高科技工具。然而，如果在发生核辐射、毒气泄漏而救援人员无法方便进出活动时，这些高技术探测仪器由于没有自动运动能力而变得无用武之地。本设计的机器人小车成本低廉，具有手动遥控和自动寻路的功能，能自动避开障碍物并寻找仍然生存的人类，为高危险、无法直接进入的地区的寻人救援工作提高简单方便的支持。

本设计主要采用STC89C52单片机对控制小车运动的电机进行控制，通过热释电红外传感对人类进行生命探测，并通过红外发送接收器及运动算法设计实现小车的自动运动功能；再通过无线模块实现小车的手动遥控操作。

12.3 工作条件

12.3.1 LCD1602液晶显示芯片

12.3.1.1 LCD1602引脚介绍

可参见上文，9.3.1节所介绍内容。

12.3.1.2 LCD1602的显示控制方法

可参见上文，9.3.2节的详细内容。

12.3.2 热释电红外探头及处理芯片

12.3.2.1 热释电红外探头

被动式热释电红外探头的工作原理：人体都有恒定的体温，一般在37度，所以会发出特定波长10μM左右的红外线，被动式红外探头就是靠探测人体发射的10μM左右的红外线而进行工作的。人体发射的 10μM 左右的红外线通过菲涅尔滤光片增强后聚集到红外感应源上。红外感应源通常采用热释电元件，这种元件在接收到人体红外辐射温度发生变化时就会失去电荷平衡，向外释放电荷，后续电路经检测处理后就能产生报警信号。

被动式热释电红外探头的特性：

（1）优点：本身不发任何类型的辐射，器件功耗很小，隐蔽性好；价格低廉。

（2）缺点：容易受各种热源、光源干扰；被动红外穿透力差，人体的红外辐射容易被遮挡，不易被探头接收；易受射频辐射的干扰；环境温度和人体温度接近时，探测和灵敏度明显下降，有时造成短时失灵。

本设计的热释电红外探头用 RE001，如图 12-1。其配套的 360 度球形菲涅耳透镜，如图 12-2，体积 $25 \times 25 \times 25 mm^3$。该探头采用热释电材料极化随温度变化的特性探测红外辐射，采用双灵敏元互补方法抑制温度变化产生的干扰，提高了传感器的工作稳定性。而在人体探测器领域中，被动式热释电红外探测器的应用非常广泛，因其价格低廉、技术性能稳定。

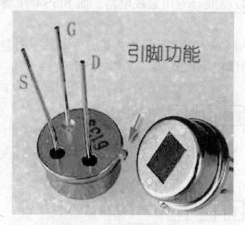

图 12-1　热释电红外探头

图 12-2　菲涅耳透镜

该探头具有的性能如下：

（1）这种探头是以探测人体辐射为目标的。所以热释电元件对波长为 10μM 左右的红外辐射必须非常敏感。

（2）为了仅仅对人体的红外辐射敏感，在它的辐射照面通常覆盖有特殊的菲涅尔滤光片，使环境的干扰受到明显的控制作用。

（3）被动红外探头，其传感器包含两个互相串联或并联的热释电元。而且制成的两个电极化方向正好相反，环境背景辐射对两个热释元件几乎具有相同的作用，使其产生释电效应相互抵消，于是探测器无信号输出。

（4）一旦人侵入探测区域内，人体红外辐射通过部分镜面聚焦，并被热释电元接收，但是两片热释电元接收到的热量不同，热释电也不同，不能抵消，经信号处理而报警。

（5）菲泥尔滤光片根据性能要求不同，具有不同的焦距（感应距离），从而产生不同的监控视场，视场越多，控制越严密。

12.3.2.2 热释红外处理芯片

红外热释电处理芯片 BISS0001 的实物如图 12-3 所示,管脚如图 12-4 所示。它

图 12-3 BISS0001 实物

是一款具有较高性能的传感信号处理集成电路,它配以热释电红外传感器和少量外接元器件构成被动式的热释电红外开关;是由运算放大器、电压比较器、状态控制器、延迟时间定时器以及封锁时间定时器等构成的数模混合专用集成电路。而 BISS0001 管脚说明见表 12-1。

特点:CMOS 工艺,数模混合,具有独立的高输入阻抗运算放大器,内部的双向鉴幅器可有效抑制干扰,内设延迟时间定时器和封锁时间定时器,采用 16 脚 DIP 封装。

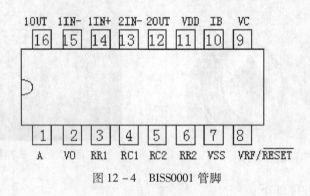

图 12-4 BISS0001 管脚

表 12-1 芯片 BISS0001 引脚说明

编号	符号	I/O	引脚说明
1	A	I	可重复触发和不可重复触发选择端。当 A 为 "1" 时,允许重复触发;反之,不可重复触发
2	VO	O	控制信号输出端。由 VS 的上跳变沿触发,使 Vo 输出从低电平跳变到高电平时视为有效触发。在输出延迟时间 Tx 之外和无 VS 的上跳变时,Vo 保持低电平状态。
3	RR1	--	输出延迟时间 Tx 的调节端
4	RC1	--	输出延迟时间 Tx 的调节端

续表 12-1

编号	符号	I/O	引脚说明
5	RC2	--	触发封锁时间 Ti 的调节端
6	RR2	--	触发封锁时间 Ti 的调节端
7	VSS	--	工作电源负端
8	VRF	I	参考电压及复位输入端。通常接 VDD，当接"0"时可使定时器复位
9	VC	I	触发禁止端。当 Vc < VR 时禁止触发；当 Vc > VR 时允许触发（VR≈0.2VDD）
10	IB	--	运算放大器偏置电流设置端
11	VDD	--	工作电源正端
12	2OUT	O	第二级运算放大器的输出端
13	2IN-	I	第二级运算放大器的反相输入端
14	1IN+	I	第一级运算放大器的同相输入端
15	1IN-	I	第一级运算放大器的反相输入端
16	1OUT	O	第一级运算放大器的输出端

12.3.3 无线数据发射及接收

12.3.3.1 无线发射

1. 无线数据发射模块

本系统采用的无线数据发射模块是深圳市兴意科技开发有限公司生产的 XY110 无线数据发射模块。其具体参数如图 12-5 所示：

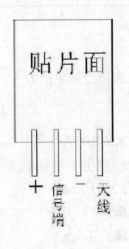

型号： XYF-A
类型： 无编码 100 米发射模块
尺寸： 11×16mm
工作电压： 3VDC—12VDC
工作电流： 15mA/9v
性能： 体积小、功率小、信号稳定

图 12-5 无线数据发射模块参数

2. 无线发送编码芯片

PT2262 是台湾普城公司生产的一种 CMOS 工艺制造的低功耗低价位通用编码电路，最多可有 12 位（A0-A11）三态地址端管脚（悬空，接高电平，接低电平），任意组合可提供 531441 地址码，PT2262 最多可有 6 位（D0-D5）数据端管脚，设定的地址

码和数据码从 17 脚串行输出。芯片引脚如图 12－6 所示，引脚说明见表 12－2。

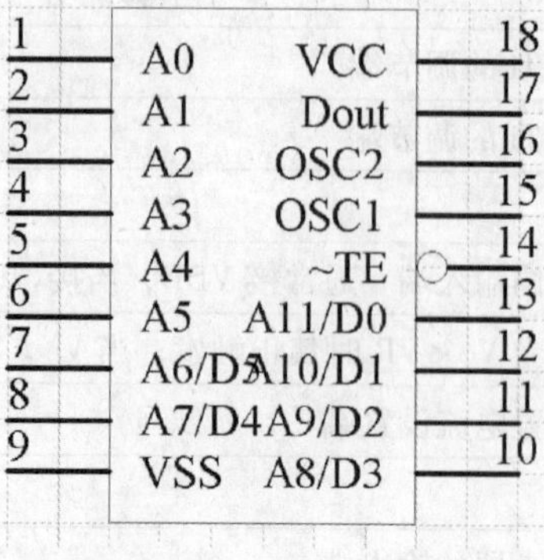
1
2
3
4
5
6
7
8
9
A0
A1
A2
A3
A4
A5
A6/D5
A7/D4
VSS
VCC
Dout
OSC2
OSC1
~TE
A11/D0
A10/D1
A9/D2
A8/D3
18
17
16
15
14
13
12
11
10

图 12－6　PT2262 引脚

表 12－2　PT2262 引脚说明

符号	编号	引脚说明
A0－A11	1－8、10－13	地址管脚，用于进行地址编码，可置为“0”，“1”，“f”（悬空）
D0－D5	7－8、10－13	数据输入端，有一个为“1”即有编码发出，内部下拉
Vcc	18	电源正端（+）
Vss	9	电源负端（－）
TE	14	编码启动端，用于多数据的编码发射，低电平有效；
OSC1	16	振荡电阻输入端，与 OSC2 所接电阻决定振荡频率；
OSC2	15	振荡电阻振荡器输出端；
Dout	17	编码输出端（正常时为低电平）

12.3.3.2　无线接收

1. 无线数据接收模块

本系统采用的无线数据接收模块是深圳市兴意科技开发有限公司生产的 XY110 无线数据接收模块。其具体参数如图 12－7 所示：

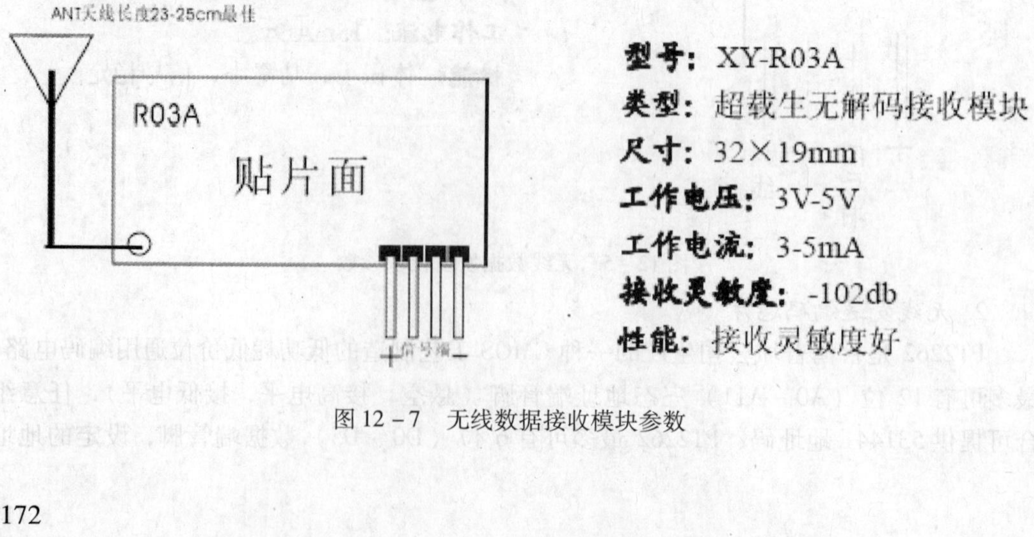
ANT天线长度23-25cm最佳
R03A
贴片面
+
信号
－
型号：XY-R03A
类型：超载生无解码接收模块
尺寸：32×19mm
工作电压：3V-5V
工作电流：3-5mA
接收灵敏度：-102db
性能：接收灵敏度好

图 12－7　无线数据接收模块参数

2. 无线接收解码芯片

PT2272 解码芯片有不同的后缀，表示不同的功能，有 L4/M4/L6/M6 之分，其中 L 表示锁存输出，数据只要成功接收就能一直保持对应的电平状态，直到下次遥控数据发生变化时改变。M 表示非锁存输出，数据脚输出的电平是瞬时的而且和发射端是否发射相对应，可以用于类似点动的控制。后缀的 6 和 4 表示有几路并行的控制通道，当采用 4 路并行数据时（PT2272 - M4），对应的地址编码应该是 8 位，如果采用 6 路的并行数据时（PT2272 - M6），对应的地址编码应该是 6 位。芯片引脚如图 12 - 8 所示，引脚说明见表 12 - 3。

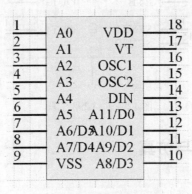

图 12 - 8 PT2272 引脚

表 12 - 3 PT2272 引脚说明

符号	编号	引脚说明
A0 - A11	1 - 8、10 - 13	地址管脚，用于进行地址编码，可置为 "0"、"1"、"f"（悬空），必须与 2262 一致，否则不解码
D0 - D5	7 - 8、10 - 13	地址或数据管脚，当做为数据管脚时，只有在地址码与 2262 一致，数据管脚才能输出与 2262 数据端对应的高电平，否则输出为低电平，锁存型只有在接收到下一数据才能转换
Vcc	18	电源正端（+）
Vss	9	电源负端（-）
DIN	14	数据信号输入端，来自接收模块输出端
OSC1	16	振荡电阻输入端，与 OSC2 所接电阻决定振荡频率；
OSC2	15	振荡电阻振荡器输出端；
VT	17	解码有效确认 输出端（常低）解码有效变成高电平（瞬态）

12.3.4 电机驱动

对直流电机进行调速和控制，需要经过直流电机的驱动电路，驱动实际上就是一个大功率的放大器。本此机器人系统的电机驱动是用常用 H 芯片的 L298。L298 内部包含 4 通道逻辑驱动电路，具有两套 H 桥电路。芯片的主要特点是：电压最高可达 46V；

总输出电流可达 4A；较底的饱和压降；具有过热保护；TTL 输出电平驱动，可直接连接 CPU；具有输出电流反馈，过载保护。L298 引脚如图 12-9 所示。

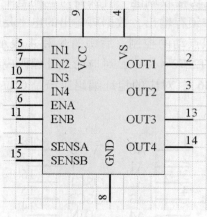

图 12-9　L298 引脚

12.4　项目的原理图与仿真

12.4.1　原理图设计

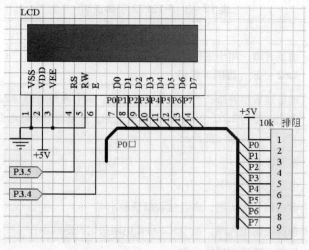

图 12-10　LCD 液晶演示电路

如图 12-10 所示，单片机通过 P0 口与 LCD 进行并行数据通信，通过 P3.4 和 P3.5 对 LCD 进行控制，RW 接地，写永远有效。

BISS0001 的热释电红外开关应用电路如图 12-11 所示。人体红外热释电路的工作原理：运算放大器 OP1 将热释电红外传感器的输出信号作第一级放大，然后由 C3 耦合给运算放大器 OP2 进行第二级放大，再经由电压比较器 COP1 和 COP2 构成的双向鉴幅器处理后，检出有效触发信号 Vs 去启动延迟时间定时器，输出信号 Vo。

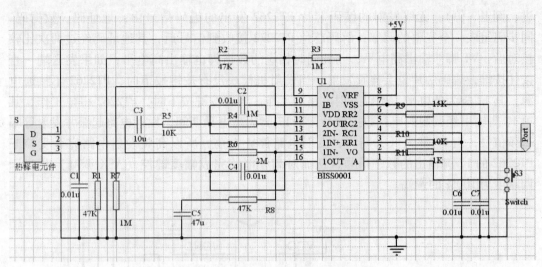

图 12-11 热释电红外开关应用电路

如图 12-12 所示,无线发射电路图用于发送小车手动遥控信号(左转、右转、前

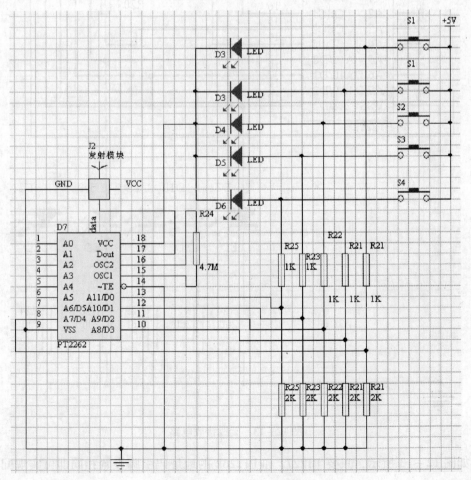

图 12-12 无线发射电路

进、倒退、停）：无线发射的编码芯片 PT2262 发出的编码信号由：地址码、数据码、同步码组成一个完整的码字，解码芯片 PT2272 接收到信号后，其地址码经过两次比较核对后，VT 脚才输出高电平，与此同时相应的数据脚也输出高电平，如果发送端一直按住按键，编码芯片也会连续发射。当发射机模块没有按键按下时，PT2262 不接通电源，其 17 脚为低电平，所以发射电路不工作。当有按键按下时，PT2262 得电工作，其第 17 脚输出经调制的串行数据信号，当 17 脚为高电平期间，发射电路起振并发射等幅高频信号；当 17 脚为低平期间，发射电路停止振荡，所以高频发射电路完全受控于 PT2262 的 17 脚输出的数字信号，从而对高频电路完成幅度键控（ASK 调制）相当于调制度为 100% 的调幅。

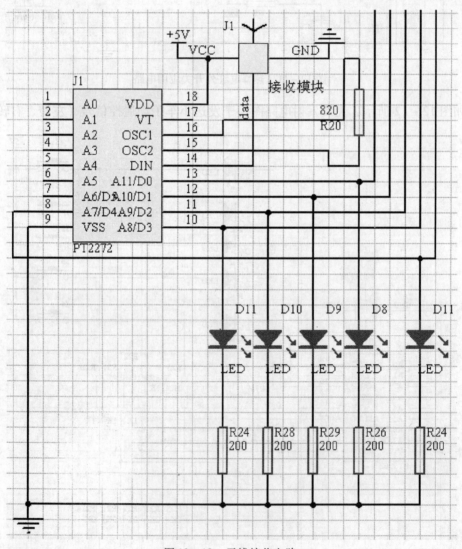

图 12-13 无线接收电路

如图 12-13 所示，只要 PT2272 和 PT2262 的地址码引脚设置相同即可实现配对发送接收，令单片机接收到遥控器的手动运动控制信号。

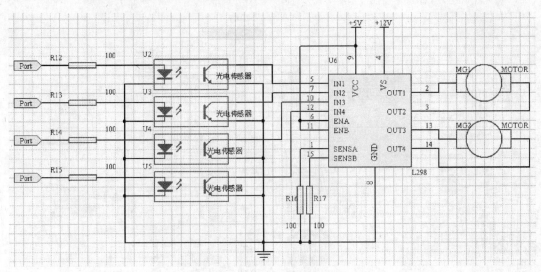

图 12-14 电机驱动电路

如图 12-14 所示，单片机的 P20～P23 通过光电耦合连接 L298，可以通过控制 4 个输入的频率和脉宽，实现对电机的转动速度控制。电机 1 由 L298 的 OUT1 和 OUT2（对应 IN1 和 IN2）控制，电机 2 由 L298 的 OUT3 和 OUT4（对应 IN3 和 IN4）控制。电机状态见表 12-4。

表 12-4 电机状态

ENA	IN1	IN2	电机 1 状态	ENB	IN3	IN4	电机 2 状态
1	1	0	正转	1	1	0	正转
1	0	1	反转	1	0	1	反转
1	同时为 1 或 0	刹车	1	1	同时为 1 或 0	刹车
0	X	X	自然停转	0	X	X	自然停转

系统总电路如图 12-15 所示，其中的三红外发送接收器安装于机器人的左方、右方和前方，用于检测障碍物；热释电红外开关电路安装于机器人的前方，用于检测人类；两个电机分别控制小车的方向和前后运动。无线电发送电路并不属于机器人系统内部电路的一部分，而是遥控者的遥控电路。

12.4.2 液晶显示仿真

PROTEUS ISIS 支持主流单片机系统的仿真。目前支持的单片机类型有：68000 系列、8051 系列、AVR 系列、PIC12 系列、PIC16 系列、PIC18 系列、Z80 系列、HC11 系列以及各种外围芯片。提供软件调试功能。在硬件仿真系统中具有全速、单步、设置断点等调试功能，同时可以观察各个变量、寄存器等的当前状态，因此在该软件仿真系统中，也必须具有这些功能；同时支持第三方的软件编译和调试环境，如 Keil C51

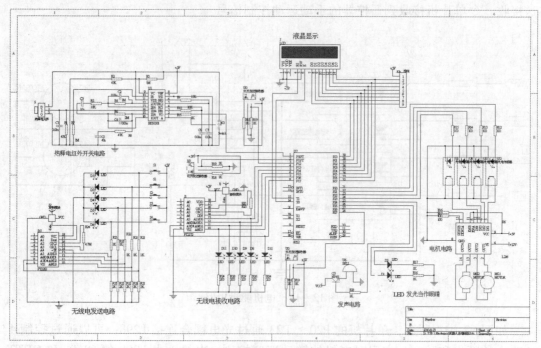

图 12-15 系统总电路

uVision2 等软件。具有强大的原理图绘制功能。总之，该软件是一款集单片机和 SPICE 分析于一身的仿真软件，功能极其强大。

利用 PROTEUS ISIS 强大的仿真能力，事先把功能模块原理图画出，通过在 uVision2 中的编程，引导 HEX 文件，仿真模块。

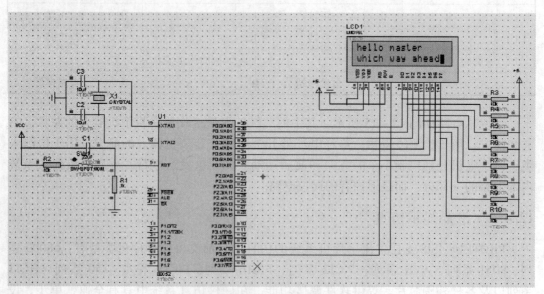

图 12-16 LCD 显示仿真

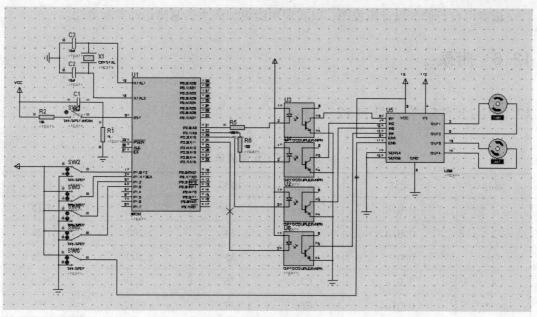

图 12-17 电机仿真

12.5 单片机程序设计

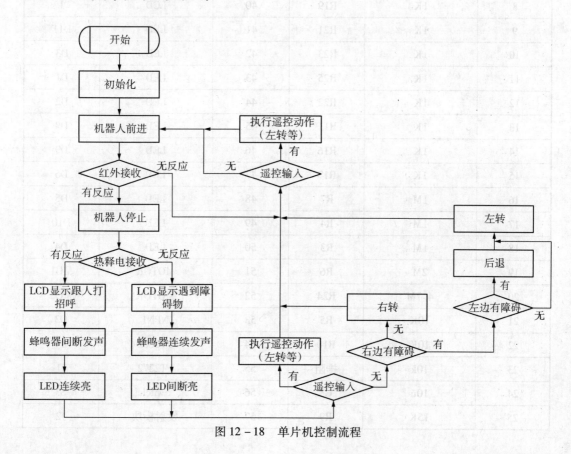

图 12-18 单片机控制流程

读者可自行修改设计流程图，以实现功能更加强大的避障运动控制算法。

12.6 附录

12.6.1 元件清单（见表 12-5）

表 12-5 元件清单

编号	元件	描述	编号	元件	描述
1	0.01u	C2	33	100	R13
2	0.01u	C1	34	200	R26
3	0.01u	C4	35	200	R29
4	0.01u	C7	36	820	R20
5	0.01u	C6	37	8052	U7
6	1K	R18	38	BELL	U6
7	1K	R28	39	BISS0001	U1
8	1K	R19	40	LCD	J
9	1K	R21	41	LED	D11
10	1K	R23	42	LED	D3
11	1K	R25	43	LED	D1
12	1K	R22	44	LED	D2
13	1K	R11	45	LED	D8
14	1K	R16	46	LED	D9
15	1K	R17	47	LED	D6
16	1M	R7	48	LED	D5
17	1M	R4	49	LED	D10
18	1M	R3	50	LED	D4
19	2M	R6	51	MOTOR	MG1
20	4.7M	R24	52	MOTOR	MG2
21	10K	R5	53	NPN1	Q3
22	10K	R10	54	PT2262	D7
23	10k	排阻	55	PT2272	J1
24	10u	C3	56	Switch	S3
25	15K	R9	57	发射模块	J2

续表 12-5

编号	元件	描述	编号	元件	描述
26	47K	R2	58	光电传感器	U4
27	47K	R8	59	光电传感器	U3
28	47K	R1	60	光电传感器	U2
29	47u	C5	61	光电传感器	U5
30	100	R15	62	红外收发器	U0
31	100	R14	63	热释电元件	S
32	100	R12			

12.6.2 单片机参考代码

1. 电机控制程序参考代码

```c
#include<reg52.h>
#define uchar unsigned char
#define uint unsigned int
sbit R1 = P2^0;
sbit L1 = P2^1;
sbit R2 = P2^2;
sbit L2 = P2^3;
sbit qian = P1^0;
sbit hou = P1^1;
sbit turnleft = P1^2;
sbit turnright = P1^3;

void stop1()          //停止子程序1
{
R1 = 0;
L1 = 0;
}
void stop2()          //停止子程序2
{
R2 = 0;
L2 = 0;
}

void forward()        //前进子程序
{
R1 = 1;
```

```
    L1 = 0;
}

void back()              //后退子程序
{
    R1 = 0;
    L1 = 1;
}

void right()             //右转子程序
{
    R2 = 1;
    L2 = 0;
}

void left()              //左转子程序
{
    R2 = 0;
    L2 = 1;
}

void main()              //主程序
{
    while(1)             //无限循环
    {
        if((turnleft ==1)&&(turnright ==0))    //左转
        {
            left();
        }
        else if((turnright ==1)&&(turnleft ==0))   //右转
        {
            right();
        }
        else if((((turnleft ==1)&&(turnright =1))||((turnleft == 0)&&(turnright ==0))))  //停止
            stop2();


        if((qian ==1)&&(hou ==0))      //前进
            forward();
        else if((hou ==1)&&(qian ==0))   //后退
            back();
```

```c
    else if((·(((qian ==1)&&(hou =1))||((qian ==0)&&(hou ==0))))    //停止
        stop1();
    }
}
```

2. 液晶显示程序参考代码

```c
#include <reg52.h>
#define uchar unsigned char
#define uint unsigned int
sbit RS = P3^5;
sbit E = P3^4;
uchar table1[] = "hello master";    //要显示的字符
uchar table2[] = "which way ahead";

void delay(uint ms)    //延时子程序
{
  uint i;
  while(ms - -)
  {for(i =0;i <250;i + +)
  ;
  }
}

void write_com(uchar com)    //写入指令子程序
{
  RS = 0;
  E = 1;
  P0 = com;
  delay(10);
  E = 0;
}

void write_date(uchar date)    //写入数据子程序
{
  RS = 1;
  E = 1;
  P0 = date;
  delay(10);
  E = 0;
}

void init()    //初始化函数
{
```

```
    write_com(0x38);    //置功能:2 行,5x7 字符
    delay(20);
    write_com(0x0f);    //显示开,显示光标,光标闪烁
    delay(20);
    write_com(0x06);    //置输入模式:地址增量,显示屏不移动
    delay(20);
    write_com(0x01);    //清显示
    delay(20);
}

void main()    //主函数
{
    while(1)
    {uchar i;
    init();    //初始化
    delay(10);//延时
    write_com(0x80);    //设第一行显示位置
    for(i=0;table1[i]! = '\0';i++)
    {
    write_date(table1[i]);    //显示第一行内容
    }

    write_com(0xc0);//设第二行显示位置
    for(i=0;table2[i]! = '\0';i++)
    {
    write_date(table2[i]);//显示第二行内容
    }
    delay(500);
    }
}
```

参考文献

[1] 黄智伟. 全国大学生电子设计竞赛制作实训 [M]. 北京：北京航空航天大学出版社, 2007.

[2] 马忠梅. 单片机的 C 语言应用程序设计 [M]. 北京：北京航空航天大学出版社, 2003.

[3] 张毅刚. 新编 MCS51 单片机应用设计 [M]. 哈尔滨：哈尔滨工业大学出版社, 2006.

[4] 谭浩强. C 程序设计 [M]. 北京：清华大学出版社, 1999.

[5] 胡烨, 姚鹏翼, 江思敏. Protel 99 SE 电路设计与仿真教程 [M]. 北京：机械工

业出版社，2005.

［6］童诗白，华成英．模拟电子技术基础［M］．北京：高等教育出版社，2001.

［7］龚沛曾，陆慰民，杨志强．Visual Basic 程序设计简明教程（第二版）［M］．北京：高等教育出版社，2003.

［8］Edwards S A. Languages for Digital Embedded Systems［M］．USA：Kluwer Academic Publishers，2000.

［9］黄正谨．电子设计竞赛赛题解析［M］．南京：东南大学出版社，2003.